旬の素材と定番調味料で
いつものおかずが格別の味になる

六甲かもめ食堂
野菜が美味しい季節の献立

船橋律子

はじめに

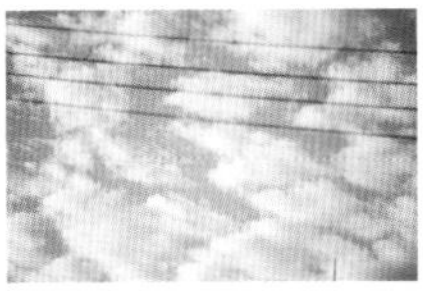

この本の制作も終盤に差し掛かった頃のある日、お店にこもってレシピの校正をして家に帰ったら、相方がハンバーグを作ってくれていました。いいレシピがあったから…と笑いながら。まだ校正途中のゲラを引っ張り出して「デミグラスソース風ハンバーグ」を作ってくれていたのです。
　その出来は、肉汁こそ溢れ出なかったものの見た目以上の美味しさでとても美味しく、うれしい晩ごはんでした。いつかまたあの時のハンバーグを、とリクエストしようと思いました。

　この時の副菜は「カレーコールスロー」でも「ひじき、じゃがいも、ベーコンの旨煮」でもなく、前日の残り物でした。
　今回は献立の本ですが、全部初めての料理を作るのは時間がかかるもの、一品からでも試してみてください。
　ハンバーグやさばの煮付け、マーボー豆腐など、ありふれた料理が誰でも美味しく作れるようにと思いを込めました。
　ほっこりと記憶に残って、また作りたい、作って欲しいと受け継がれるような料理になれば幸いです。四季折々の献立もぜひご参考に！

かもめ食堂　船橋律子

もくじ

秋の献立

冬の献立

［おそうざい］

メインのおかず

サブのおかず

［この本で料理を作るみなさまへ］

材料の分量について

◎小さじ1は5㎖、大さじ1は15㎖、1カップは200㎖のことです。

◎野菜の分量は、じゃがいも、さつまいも、里芋は皮つきのままの分量です。その他は、皮をむいたり種を取ったりした後の分量（正味の分量）です。

◎木綿豆腐は1丁350g、こんにゃくは1丁250g、油揚げは1枚8㎝×15㎝のものを使っています。

だし汁について

◎だし汁は昆布とかつお節でとる、一番だしを使っています。

調理器具について

◎加熱調理の火加減はガスコンロ使用を基準にしています。

◎電子レンジは600wのものを基準にしています。

◎フライパンはフッ素樹脂加工のものを使用しています。

調味料について

◎さとうは上白糖、塩は粗塩、酢は穀物酢、揚げ油はサラダ油を使っています。

◎しょうゆは、特に記載がない場合は、濃口しょうゆを使っています。

下処理について

◎野菜や果物は特に記載がない場合は、洗って皮をむき、根、種、わた、へた、筋などを取り除いて使用しています。

食品の保存について

◎保存する料理は、清潔な容器に入れて冷蔵保存するか、個別に適した方法で冷凍保存してください。

全レシピ共通

ここをチェック

Point!

味や食感、風味をよくするための調理のコツやアレンジについて紹介

保存方法

保存法と期間を記載。保存の効くもののみにアイコンをつけています

アレンジレシピ

少しのアレンジで作れるレシピをまとめて紹介しています。ほかの食材でも作ってみてください

今日は何を
食べようかなぁ？

かもめ食堂の献立のこと

かもめ食堂の定食は、ごはん、みそ汁、漬物に、旬の野菜をたっぷり使った7品のおそうざい。
特別豪華ではないけれど、季節に寄り添った味わいがあれこれ楽しめる献立です。
この本で紹介するレシピは、そんな食堂でもおなじみの、私が繰り返し作ってきた料理。
まずはじめに、厨房に立つなかで身につけてきた、ちょっとした料理の心得をお伝えします。

献立は、「今日これ使いたい」から広げていく。

定食の献立を考える時、毎回必ずすることがあります。それは、書くこと。今使いたい旬の野菜を何個か書き出して、肉や魚料理、スープ、煮物、サラダなど、どれに使うかを当てはめていく作業です。いつもメインから考えるのではなく、例えばたけのこが使いたくて若竹煮にしようと決めたら、メインは何が合うだろうと後から書き足していきます。

組み合わせで気をつけているのは、味や素材がかぶらないようにすることと、手間がかかり過ぎない献立にすること。

そして、これはなかなか難しいのですが、後味にも気を配っています。あっけなく食べ終わって何となく物足りなく感じたり、どれもがしっかりした味で疲れてしまわないように、例えばカレーのようにさーっと食べられる料理には、根菜や豆を使ったよく噛んで味わう一品を添えたり、煮魚には定番のおひたしではなく、こってりしたマヨネーズ味のサラダを合わせたり。この組み合わせのバランスはとても大事！「あぁ、美味しかった」という食後の満足感につながるような気がします。

店をはじめる前から書き留めてきたレシピノート。かもめ食堂の料理もこのノートを見て作っています。定食の献立は、毎回メモ用紙にメニューを書き出して、頭のなかを整理しながら組み合わせていきます。

季節の素材で、
手慣れた道具で

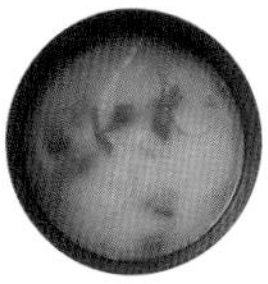

【ふつうの材料と道具で、手早く、美味しく】

かもめ食堂の料理に登場するのは、季節の野菜を中心に身近な素材ばかり。
こだわりは、その時々で市場に出回っている美味しそうな〝顔〟を選ぶことです。
どんな料理を作る時も、愛用している調味料や道具はいたってシンプル。
皆さんの家庭でもなじみのあるような、ごくふつうのものを使っています。

材料のこと

【旬の野菜が中心】

大切にしているのは、春夏秋冬それぞれの季節で一番美味しい野菜を使うこと。仕入れの際は、いつも市場やスーパーマーケットに足を運び、自分の目で確かめながら、ハリのある新鮮な野菜を選んでいます。どんな野菜も早く使い切るのがおすすめですが、少量で使う刻みねぎはペーパーに包んで、おろししょうがは空気にふれないようにラップをかぶせて、それぞれ保存容器に入れて冷蔵しておくと、数日間保存できて便利です。

調味料のこと

【定番＋風味素材を】

基本のさとう、塩、酢、しょうゆ、みそに加え、酒、みりん、マヨネーズくらいを揃えておけば、だいたいの料理は作れます。かもめ食堂で使っている調味料はどれも手頃なものですが、お気に入りを使い続けることで料理の味を安定させています。変化をつけたい時は、ゆずこしょう、カレー粉、青のり、梅といった風味のある素材を加えると、いつもと違った味わいを手軽に楽しめます。

道具のこと

【用途に合った身近なもので】

仕込みの量が多いので蒸し器などのサイズは大きいですが、調理器具も一般的なものばかり。ここでは、家庭でも重宝するような手頃な道具をいくつか紹介します。

○トング…揚げ物をする時に。特に油切りには、しっかりつかめて菜箸より断然便利。
○シリコンベラ…炒め物や和え物、ソース作りなど、素材を混ぜる時に。やわらかく適度にしなるので、すくい取る機能も抜群。
○直径20㎝のフライパン…煮魚やハンバーグなど、2人分の調理には幅も深さも最適。

野菜を美味しく
いただきましょう!

［野菜の美味しさを生かすために］

ひとつひとつの野菜との向き合い方は、料理の仕上がりに大きく影響してきます。
野菜の特徴を知り、作るメニューにふさわしい扱いをすることが美味しさへの近道です。

◎下ごしらえをする

味わいや食感、彩りを左右する野菜の下ごしらえ。なすやれんこんは水にさらしてアクを抜き、変色が気になる葉物はゆでてから冷水に取って色止めをします。うりなど水分の多い野菜は、塩をまぶして水気を絞ることが大切。少ない調味料で味がなじみ、時間が経っても変化しにくくなります。同じ野菜でも、料理によって違う下ごしらえをすることも。例えばじゃがいもをほくほくと仕上げたい時は切ってすぐに火を通し、さらっとした食感にしたい時は水にさらして表面のでんぷんを落としておきます。

◎調味料に頼り過ぎない

野菜本来の持ち味を知っておくと、余分な調味料を加えなくても美味しく作れます。トマトや果物は生のままでも酸味や甘みがあり、にんじんやたまねぎは、じっくり火を通すことで甘みやうま味が格段にアップします。

◎皮は料理に合わせて

野菜の皮をむくかは、料理によって決めています。例えばトマトやなすをおひたしにする時は、皮をむいた方が味がなじんで、やわらかな食感も楽しめます。逆に、さつまいもや新じゃがをゆでたり蒸したりする料理では、皮つきの方が煮くずれしにくく、満足感も味わえます。

◎切り方を工夫する

切り方ひとつで見た目も食感も変わってくるもの。シャープに仕上げたい酢の物はせん切り、ほっこりとした煮物はいちょう切りなど、料理のイメージに合わせて工夫しています。

ちょっとしたコツで
さらに美味しく!

［調理ごとのコツを身につけて］

同じ調理方法でも、ちょっとした心掛けでグンと美味しい仕上がりに。
ここでは基本的なことも含め、私が意識している調理のあれこれをまとめています。

◎炒める

「煮物」にならないように、強火で水分をとばしながら、余熱も計算に入れて早めに仕上げるのが鉄則。逆に、たまねぎ、にんじん、ズッキーニなど、炒めることで野菜の甘みを出したい時は、弱火でじっくり時間をかけます。

◎ゆでる

下ごしらえでよく登場する「ゆでる」。大根など根菜類をやわらかくする時は水とともに入れてゆっくりと火を通し、葉物やブロッコリーなど下ゆで&色止めをする時は、熱湯でさっとゆでて手早く冷まします。いずれもゆで過ぎに注意。

◎煮る

混ぜ過ぎない、煮過ぎないこと。少ない煮汁で煮る時や、煮魚など素材を返さないで仕上げたい時は、落とし蓋を使うと鍋全体に煮汁が行き渡ります。水分をとばしたくない時は鍋蓋を。蒸らし効果で火を通せます。

◎蒸す

サラダや和え物には、野菜を蒸してから使うのがおすすめ。うま味や甘みが増すだけでなく、時間が経っても水分や臭みが出てこないので料理全体の味や状態が変わりにくくなります。切ってからざるに入れて蒸すほか、さつまいもやなすは美味しさをより逃さずに火を通すことができるので、丸ごと蒸すこともあります。

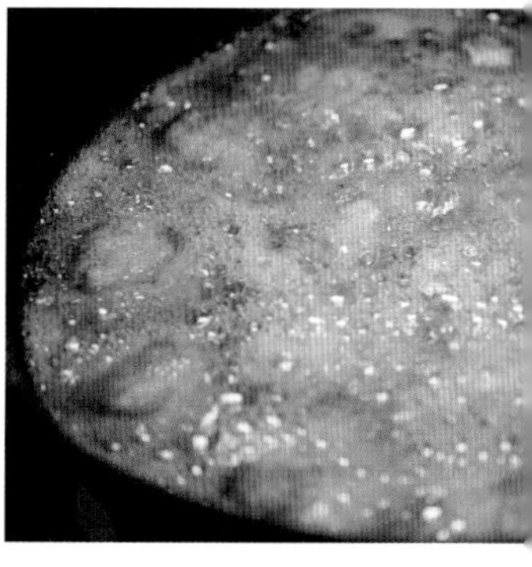

◎揚げる

火通りのよいものは160度の一定温度で、メンチカツや鶏肉は最後だけ180度の高温にして揚げます。パン粉を油に落とした時に、シュワーッと心地よい音がするのが160度。鍋が小さいなど温度が下がりやすい場合は、170度くらいでも大丈夫です。時間が経ってもベタッとならないように、油切りはしっかりと!

◎和える

下ごしらえで野菜の水気を絞らないものは、食べる直前に調味料と和えて歯応えがあるうちにいただきます。マリネや南蛮漬けのように油でコーティングされた素材を調味液で和えるものは、しばらくおいて味をなじませます。

春の献立

デミグラスソース風ハンバーグ献立

◎デミグラスソース風ハンバーグ
◎ひじき、じゃがいも、ベーコンの旨煮
◎カレーコールスロー
◎セロリのみそ汁

かもめ食堂のハンバーグは、豚肉と鶏肉の分量が7：3の割合。やわらかくてあっさりしているのが特徴です。上手に焼けた時は、箸を入れると肉汁がジュワッ！家ではいつも歓声を上げています。ひたひたにソースをかけ、潔く菜の花を添えれば、ちょっぴりよそゆきの一皿に。少しだけボリュームを加えたかったので、じゃがいもの煮物を小鉢で合わせています。

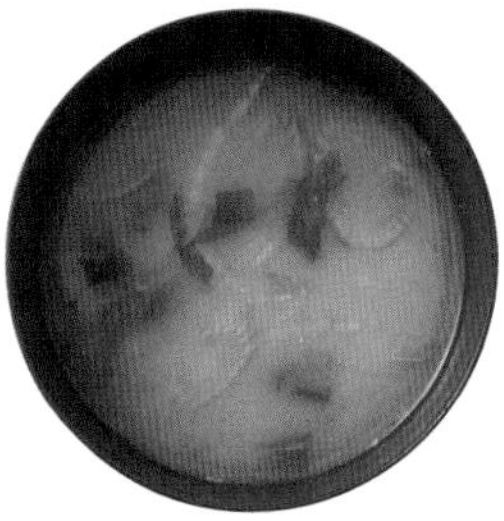

3. カレー コールスロー

材料（作りやすい分量）

- キャベツ　1/8個（150g）
- にんじん　少々（20g）
- ハム　2枚
- コーン缶（粒）　50g
- きゅうり　1/2本

A 水　50cc
　塩　小さじ1/4

B マヨネーズ　大さじ3
　レモン汁　大さじ1
　はちみつ　少々
　カレー粉　大さじ1/2
　オリーブ油　大さじ1/2
　しょうゆ　少々

[作り方]

❶キャベツは5mm幅に、にんじんはせん切りにしてボウルに入れ、Aを加えて軽く混ぜたら5分おく。

❷ハムは半分に切って5mm幅に切る。コーン缶は汁気を切る。きゅうりはせん切りにする。

❸別のボウルにBを合わせ、水気を絞った①、②を入れて和える。

point!

キャベツとにんじんは
塩水を絡めてしばらくおくことで、
ほどよい歯応えになり、
塩気もほんのりつく。

4. セロリのみそ汁

材料（2人分）

- セロリ　1本
- だし汁　400cc
- みそ　大さじ1と1/2

[作り方]

❶セロリは5mm幅のななめ切りにする。

❷鍋にだし汁とセロリを入れて火にかけ、煮立ったら火を止めてみそを溶き入れる。

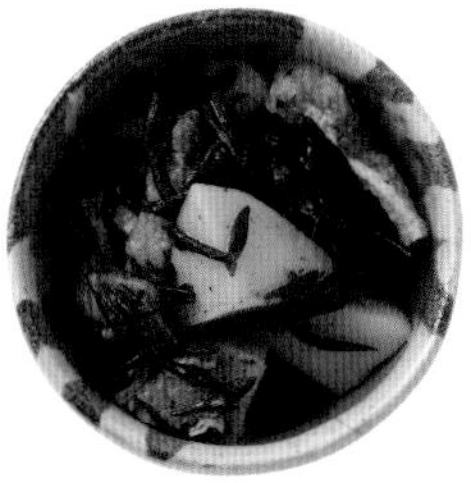

1. デミグラスソース風ハンバーグ

アレンジレシピ P.16-19

材料（2人分）

- 豚ひき肉　210g
- 鶏ひき肉　90g
- たまねぎ　中1/2個強（120g）
- 塩　小さじ1/4
- こしょう　少々
- ナツメグ　少々
- 菜の花　1/2束

A パン粉　大さじ4
牛乳　大さじ1と1/2
溶き卵　1/2個分

B（ソース）
ケチャップ　大さじ2
中濃ソース（またはとんかつソース）　大さじ1
酒　大さじ2
さとう　大さじ1
しょうゆ　大さじ1

［ 作り方 ］

❶菜の花はサラダ油少々（分量外）でさっと炒めて塩、こしょう少々（分量外）をする。

❷たまねぎはみじん切りにして、サラダ油少々（分量外）でさっと炒めて冷ましておく。

❸ボウルに2種のひき肉、塩、こしょう、ナツメグを入れて、粘りが出るまで手でよく練る。②、Aも加えて、さらによく練る。

❹手にサラダ油少々（分量外）をつけて③を2等分にし、空気を抜きながら丸める。

❺フライパンにサラダ油少々（分量外）を熱し、④を並べる。中央を少しくぼませて中火で3分焼く。こんがり焼き色がついたらひっくり返し、蓋をしてごく弱火で8～10分焼く。竹串を刺してみて澄んだ汁が出てきたら器に盛る。

❻フライパンに残った余分な油を拭き取ってBを入れ、少し煮詰めてソースを作る。⑤のハンバーグにかけ、①の菜の花を添える。

保存方法　肉だねの状態で1つずつラップをして冷凍可

2. ひじき、じゃがいも、ベーコンの旨煮

材料（作りやすい分量）

- 芽ひじき（乾燥）　大さじ3（12g）
- じゃがいも　2個（250g）
- ベーコン　1枚
- 油揚げ　1枚

A だし汁　200cc
酒　大さじ1
さとう　大さじ1
みりん　大さじ1
うす口しょうゆ　大さじ1

［ 作り方 ］

❶ひじきはたっぷりの水に30分つけて戻し、よく洗って水気をしっかり絞る。じゃがいもは2cm角に切る。ベーコンは1cm幅に切り、油揚げは横半分に切ってから細切りにする。

❷鍋にサラダ油少々（分量外）を熱し、ベーコン、じゃがいも、ひじきの順に中火で炒める。油がまわったらA、油揚げを加え、落とし蓋をして弱火で15分煮る（途中で何回か混ぜる）。

保存方法　冷蔵で約3日間

Point!
ひじきは油を吸うので、ベーコンとじゃがいもを炒めてから一番最後に加える。

照り焼き
れんこん
ハンバーグ
和風おろし
ハンバーグ
ポン酢とバターを
合わせたソースは、
クセになる味わい!

アレンジ
レシピ

ハンバーグ

和風おろしハンバーグ

材料（2人分）

- 豚ひき肉　210g
- 鶏ひき肉　90g
- たまねぎ　中1/2個強（120g）
- 塩　小さじ1/4
- こしょう　少々
- ナツメグ　少々

A　パン粉　大さじ4
　牛乳　大さじ1と1/2
　溶き卵　1/2個分

B　（ソース）
　ポン酢　大さじ3
　酒　大さじ1
　みりん　大さじ2
　さとう　大さじ1
　しょうゆ　大さじ1
　バター　10g

- 大根　4cm（160g）
- 大葉　2枚

［ 作り方 ］

❶大根はおろし、大葉はせん切りにしておく。

❷たまねぎはみじん切りにして、サラダ油少々（分量外）でさっと炒めて冷ましておく。

❸ボウルに2種のひき肉、塩、こしょう、ナツメグを入れて、粘りが出るまで手でよく練る。②、Aも加えて、さらによく練る。

❹手にサラダ油少々（分量外）をつけて③を2等分にし、空気を抜きながら丸める。

❺フライパンにサラダ油少々（分量外）を熱し、④を並べる。中央を少しくぼませて中火で3分焼く。こんがり焼き色がついたらひっくり返し、蓋をしてごく弱火で8～10分焼く。竹串を刺してみて澄んだ汁が出てきたら器に盛る。

❻フライパンに残った余分な油を拭き取ってBを入れ、少し煮詰めてソースを作る。⑤のハンバーグを器に盛り、軽く水気を絞った①の大根おろしをのせ、ソースをかけて大葉を添える。

ハンバーグの共通ポイント

きっちり蓋をして、ごく弱火で蒸し焼きにすると、焦げずに中まで火が通ります。焼いている時に破裂したり、まわりがひび割れて肉汁が出てこないように、空気を抜きながら丸めておきましょう。

保存方法　肉だねの状態で1つずつラップをして冷凍可

照り焼きれんこんハンバーグ

材料（2人分）

- 豚ひき肉　140g
- 鶏ひき肉　60g
- たまねぎ　大1/4個（80g）
- れんこん　1/2節（80g）
- 塩　小さじ1/4
- こしょう　少々
- ナツメグ　少々

A　パン粉　大さじ3
　牛乳　大さじ1
　溶き卵　1/2個分

- 照り焼きダレ（※）　大さじ3

［ 作り方 ］

❶たまねぎはみじん切りにして、サラダ油少々（分量外）でさっと炒めて冷ましておく。

❷れんこんは5mm角に切って水にさらし、水気を切っておく。

❸ボウルに2種のひき肉、塩、こしょう、ナツメグを入れて、粘りが出るまで手でよく練る。①、Aも加えてよく練ったら、さらに②も加えて練る。

❹手にサラダ油少々（分量外）をつけて③を4等分にし、空気を抜きながら平たく丸める。

❺フライパンにサラダ油少々（分量外）を熱し、④を並べる。中央を少しくぼませて中火で3分焼く。こんがり焼き色がついたらひっくり返し、蓋をしてごく弱火で5分焼く。フライパンの余分な油を拭き取って照り焼きダレを加え、ハンバーグに絡める。

※ 照り焼きダレ

材料（作りやすい分量）

- みりん　200cc
- しょうゆ　100cc
- さとう　大さじ2

［ 作り方 ］

①みりんを火にかけて煮切る。

②しょうゆ、さとうを加え、ふきこぼれないように弱火で5分ほど煮詰める。

保存方法　冷蔵で約1ヵ月間

トマト煮込みハンバーグ

材料（2人分）

- 豚ひき肉　210g
- 鶏ひき肉　90g
- たまねぎ　中1/2個強（120g）※ハンバーグ用
- 塩　小さじ1/4
- こしょう　少々
- ナツメグ　少々

A　パン粉　大さじ4
　牛乳　大さじ1と1/2
　溶き卵　1/2個分

B　水　100cc
　さとう　小さじ1/2
　塩・こしょう　各少々
　ローリエ　1枚
　オリーブ油　大さじ1/2

- トマト缶（ホール）　1/2缶
- たまねぎ　中1/4個（50g）※煮込み用
- きのこ（しいたけ、しめじ、えのきなど）　100g
- パセリ（みじん切り）　少々

［ 作り方 ］

❶煮込み用のたまねぎは薄切り、きのこは食べやすい大きさに切る。平鍋にオリーブ油少々（分量外）を熱し、たまねぎ、きのこを強火で炒める。トマトを入れ、つぶしながら1分煮たら、Bを加えて中火で3分煮る。

❷ハンバーグ用のたまねぎはみじん切りにして、サラダ油少々（分量外）でさっと炒めて冷ましておく。

❸ボウルに2種のひき肉、塩、こしょう、ナツメグを入れて、粘りが出るまで手でよく練る。②、Aも加えて、さらによく練る。

❹手にサラダ油（分量外）をつけて③を4等分にし、空気を抜きながら丸める。

❺フライパンにサラダ油少々（分量外）を熱し、④を並べる。中央を少しくぼませて中火で3分焼く。こんがり焼き色がついたらひっくり返し、蓋をしてごく弱火で5分焼く。

❻⑤のハンバーグを①に加え、弱火で5分煮る。器に盛り、パセリをのせる。

point!

ハンバーグが変形しないように、
煮込む前に表面をしっかり焼いておく。

ごぼうハンバーグ みそバターソース

材料（2人分）

- 豚ひき肉　140g
- 鶏ひき肉　60g
- たまねぎ　大1/4個（80g）
- ごぼう　細め1/2本（80g）
- 塩　小さじ1/4
- こしょう　少々
- ナツメグ　少々

A　パン粉　大さじ3
　牛乳　大さじ1
　溶き卵　1/2個分

B　（ソース）
　みそ　大さじ2
　さとう　大さじ1
　コンソメ（粉末）　小さじ1/2
　バター　15g
　水　100cc

- 青ねぎ（小口切り）　適量

［ 作り方 ］

❶たまねぎはみじん切りにして、サラダ油少々（分量外）でさっと炒めて冷ましておく。

❷ごぼうはささがきにして水にさらし、水気を切っておく。

❸ボウルに2種のひき肉、塩、こしょう、ナツメグを入れて、粘りが出るまで手でよく練る。①、Aも加えてよく練ったら、さらに②も加えて練る。

❹手にサラダ油（分量外）をつけて③を4等分にし、空気を抜きながら平たく丸める。

❺フライパンにサラダ油少々（分量外）を熱し、④を並べる。中央を少しくぼませて中火で3分焼く。こんがり焼き色がついたらひっくり返し、蓋をしてごく弱火で5分焼く。フライパンの余分な油を拭き取ってBを加え、とろっとするまで3分煮詰めてソースを作り、ハンバーグに絡める。

❻器に盛り、青ねぎをちらす。

アレンジ
レシピ

ハンバーグ

ごぼうの風味がふわっ。
甘めのソースは
お子さまにもおすすめです。

ごぼうハンバーグ
みそバターソース

トマト煮込みハンバーグ

春の献立

さわらの木の芽みそ焼き献立

◎さわらの木の芽みそ焼き
◎豆腐入り厚焼き卵
◎新たまねぎの煮浸し
◎新じゃがと空豆のポテトサラダ
◎かぶの梅マリネ
◎レタスととろろ昆布のすまし汁

木の芽焼きは春ならではの上品なメニュー。ごちそう感もあり意外と簡単なので、おもてなしやお花見弁当にもおすすめです。魚の日はちょっと物足りない……。そんな声もよく聞きますが、卵焼きに豆腐を入れたり、ポテトサラダに空豆を混ぜたり、定番の副菜にひと工夫するだけで満足感のある献立に。梅風味の和え物は、箸休めの一品にお手軽です。

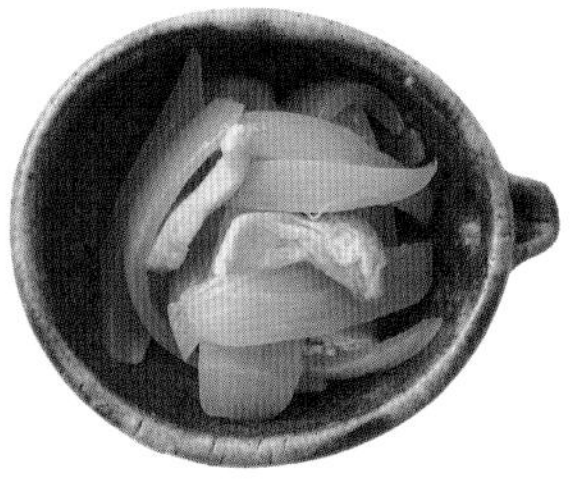
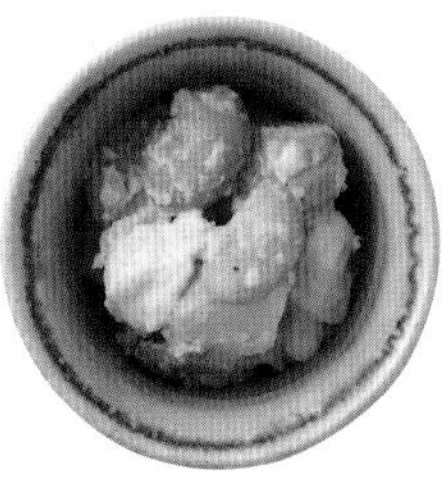

3. 新たまねぎの煮浸し

材料（作りやすい分量）

- 新たまねぎ　中1個（200g）
- 油揚げ　1枚

A だし汁　100cc
　うす口しょうゆ　大さじ1

［ 作り方 ］

❶たまねぎはくし形に切る。油揚げは横半分に切ってから1cm幅に切る。

❷鍋にAを煮立てて①を入れ、蓋をして中火で5分ほどやわらかくなるまで煮る。

4. 新じゃがと空豆のポテトサラダ

材料（作りやすい分量）

- 新じゃがいも　2個（250g）
- 空豆　15〜20粒
- カマンベールチーズ　2切れ

A 塩・こしょう　各少々
　酢　大さじ1/2

- マヨネーズ　大さじ2

［ 作り方 ］

❶じゃがいもは洗って皮つきのまま2cm角に切る。ざるに入れてやわらかくなるまで蒸し器で蒸し、Aで下味をつけたら冷ましておく。

❷空豆は多めの塩（分量外）を加えた湯で3分ゆで、ざるに上げて手早く冷ましておく。

❸①に薄皮をむいた空豆、ちぎったカマンベールチーズを加え、マヨネーズで和える。

point!

空豆をゆでたら、手早く冷まして色止めをする。

5. かぶの梅マリネ

材料（作りやすい分量）

- かぶ　1個（200g）

A 梅肉　大さじ1
　酢　小さじ1
　さとう　小さじ1/4
　オリーブ油　小さじ1

［ 作り方 ］

❶かぶは薄いいちょう切りにして、塩少々（分量外）を加えてもみ、しんなりしたら水気をしっかり絞る。

❷Aを合わせ、①を和える。

6. レタスととろろ昆布のすまし汁

材料（2人分）

- レタス　1/4個（50g）
- とろろ昆布　適量
- だし汁　400cc

A 塩　少々
　うす口しょうゆ　大さじ1/2

［ 作り方 ］

❶レタスは一口大にちぎる。

❷鍋にだし汁とレタスを入れて火にかける。煮立ったらAで味をつける。

❸お椀によそい、とろろ昆布をのせる。

1. さわらの木の芽みそ焼き

材料（2人分）

- さわら　2切れ

A 塩　少々
｜酒　大さじ1/2

- 木の芽　10枚

B 白みそ　50g
｜さとう　大さじ1/2
｜酒　小さじ1

- 卵黄　1/2個分
- だし汁　少量（小さじ１程度）

[作り方]

❶さわらにAをふって下味をつけておく。木の芽は刻んでおく。

❷小鍋にBを入れ、中火にかけながら練る。煮立ったら火からおろし、卵黄を混ぜる。冷めたら木の芽も加えて混ぜ、だし汁を加えて塗りやすいかたさに調整する。

❸天板にオーブンシートを敷いてさわらを並べ、220℃のオーブンで5分焼き、7〜8割火が通ったら②を塗ってさらに5分焼く。

point!

さわらに7〜8割火が通ってから
みそを塗ると、
表面が焦げつかずに焼け、
木の芽の香りもとばない。

2. 豆腐入り厚焼き卵

材料（2人分）

- 卵　2個
- 木綿豆腐　1/4丁
- にんじん　少量
- いんげん　3本
- しいたけ　1枚
- 塩　小さじ1/3

[作り方]

❶豆腐は水切りしておく。

❷にんじんはせん切り、いんげんはさっと塩ゆでして冷水に取り、水気を拭いて1cm長さに切る。しいたけは薄切りにする。

❸ボウルに卵を割りほぐし、①の豆腐をくずし入れたら、②、塩を加えて混ぜる。

❹卵焼き器にごま油大さじ1/2（分量外）を熱し、③を流し入れる。強火のまま箸で大きくかき混ぜて、まわりがかたまってきたら手前に寄せ、落とし蓋などをのせて弱火で3分焼く。蓋を取ってひっくり返し、弱火で3分焼いたら取り出す。食べやすい大きさに切って器に盛る。

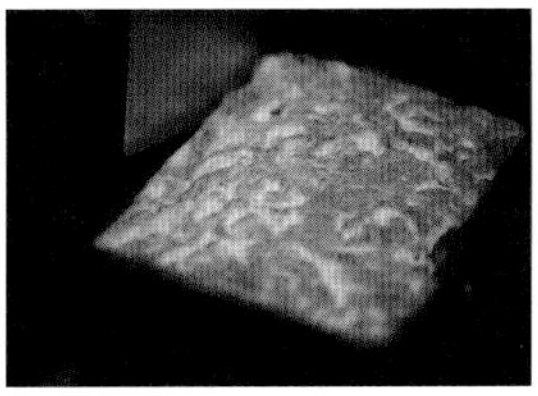

point!

豆腐入りなので、
巻かずに焼きかためて仕上げる。
この分量なら卵焼き器の
2/3面だけを使って焼くと、
ちょうどよい厚みになる。

春の献立

揚げ鶏の新たまねぎあんかけ献立

◎揚げ鶏の新たまねぎあんかけ
◎ふきと油揚げの煮物
◎たけのことわかめの酢みそ和え
◎長芋のいそべ焼き
◎トマトとニラのみそ汁

ジューシーな揚げ鶏に、新たまねぎとえんどう豆のあんがとろ~り。主菜はボリュームたっぷりの一皿です。ここに、ふきやたけのこを使った小鉢を合わせれば、春の息吹が感じられるちょっと贅沢な献立のできあがり。しっかりした味に偏らないように、青のりの風味でいただく小さなおかずも添えました。みそ汁にも、後味さっぱりのトマトを加えています。

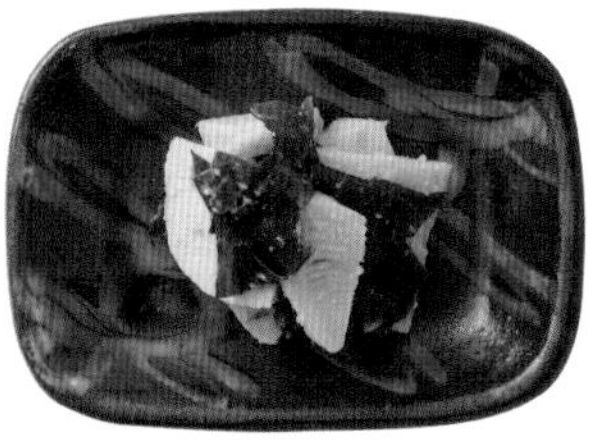

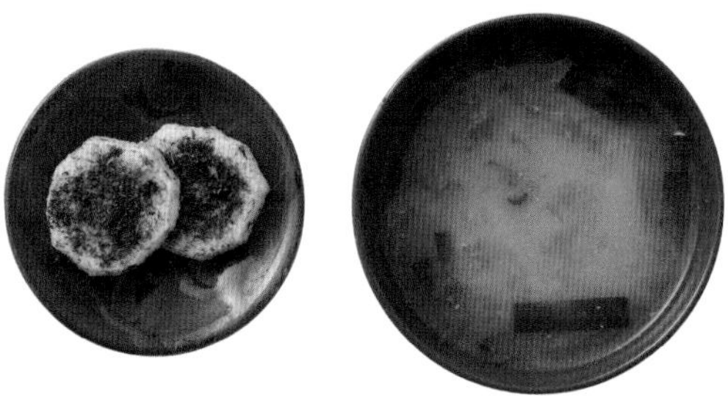

3. たけのことわかめの酢みそ和え

材料（2人分）

- ゆでたけのこ　1/2個（100g）
- 塩蔵わかめ　10g
- 酢みそダレ（※）　大さじ2

[作り方]

❶たけのこは薄切りにする。わかめは水につけて戻し、絞って一口大に切る。

❷①を酢みそダレで和える。

※ 酢みそダレ

材料（作りやすい分量）

- みそ　100g
- さとう　50g
- 酢　50cc

[作り方]

ボウルにみそ、さとう、酢を入れ、なめらかになるまで混ぜる。

保存方法	冷蔵で約3ヵ月間

4. 長芋のいそべ焼き

材料（2人分）

- 長芋（細め）　10㎝（100g）
- マヨネーズ　大さじ1
- 青のり　少々

[作り方]

❶フライパンにマヨネーズを熱する。

❷長芋は皮をむいて1cmの輪切りにする。切ったそばからフライパンに並べ、中火で両面を焼く。

❸こんがり色付いたら塩少々（分量外）をふり、青のりをまぶす。

point!

長芋は変色しないように、
切ったらすぐに焼きはじめる。

5. トマトとニラのみそ汁

材料（2人分）

- トマト　中1/2個（100g）
- ニラ　1/2束
- だし汁　400cc
- みそ　大さじ1と1/2

[作り方]

①トマトはざく切りにする。ニラは3cm長さに切る。

②鍋にだし汁、トマトを入れて火にかける。煮立ったらニラを加えて一煮立ちさせ、火を止めてみそを溶き入れる。

point!

トマトの皮が気になる場合は、
湯むきしてからざく切りにする。

1. 揚げ鶏の新たまねぎあんかけ

材料（2人分）

- 鶏もも肉　大1枚（約300g）
- 新たまねぎ　大1/2個（160g）
- うすいえんどう豆（実）　80g

A 酒　大さじ1
　しょうゆ　大さじ1

B 鶏がらスープの素　小さじ1
　塩　小さじ1/3
　こしょう　少々
　水　225cc

水溶き片栗粉
　片栗粉　大さじ1
　水　大さじ1

- 揚げ油　適量

［ 作り方 ］

❶鶏肉はAを絡めて10分おく。汁気を切って片栗粉（分量外）をまぶし、170℃の油に皮目から入れ、色付いたらひっくり返して弱火で10分、最後に強火にして2分揚げる。

❷たまねぎは横半分に切ってから5mm幅に切る。えんどう豆は塩少々（分量外）を加えた湯で3分ゆで、ゆで汁ごと氷水に当てて冷ましておく。

❸フライパンにサラダ油大さじ1（分量外）を熱し、たまねぎを中火で炒める。しんなりしたらBを加えて3分煮る。水気を切ったうすいえんどう豆を加え、弱火にして水溶き片栗粉でとろみをつける。仕上げに強火にし、ふつふつとなったら火を止める。

❹①を食べやすい大きさに切って器に盛り、③のあんをかける

point!

うすいえんどう豆は、
生のグリンピースでも代用可。
皮にしわが寄らないように
ゆで汁ごと冷ましておく。

2. ふきと油揚げの煮物

材料（2人分）

- ふき　大1本
- 油揚げ　1/2枚

A だし汁　200cc
　酒　大さじ1
　さとう　大さじ1
　しょうゆ　大さじ1

［ 作り方 ］

❶ふきは鍋に入る長さに切り、塩少々（分量外）をふって板ずりする。そのままゆでて冷水に取り、皮をむいて水にさらす。

❷ふきの水気を切って3cm長さに切る。油揚げは横半分に切ってから1cm幅に切る。

❸鍋にAを煮立て、油揚げを中火で1分煮る。ふきを加えてさらに3分煮たら、そのまま冷まして味を含ませる。

保存方法	冷蔵で約3日間

point!

ふきは板ずりすると
発色がよくなり、
皮もむきやすくなる。

ゆでたふきは
水をはった容器に入れて冷蔵し、
毎日水を替えれば数日持ちます。

夏の献立

ゴーヤの肉巻きカレー照り焼き献立

◎ゴーヤの肉巻きカレー照り焼き
◎トマトと厚揚げの卵とじ
◎かぼちゃとアボカドのツナサラダ
◎とうがんのきんぴら
◎モロヘイヤのスープ

夏野菜をモリモリ食べられる、夏バテ解消の組み合わせです。ごはんがすすむ肉巻きは、ゴーヤの個性に負けない甘辛タレ&カレー味。トマトと厚揚げを合わせたコクのある卵とじや、レモンの風味が爽やかなサラダを添えることで、飽きのこない華やかな献立になりました。ちょっぴりクセのあるモロヘイヤも、スープの具にするとさらっといただけますよ。

3. かぼちゃとアボカドの ツナサラダ

材料（作りやすい分量）

- かぼちゃ　1/8個（200g）
- アボカド　小1個
- ツナ缶（小）　1/2缶（40g）
- たまねぎ　中1/4個（50g）

A レモン汁　大さじ1
｜塩・こしょう　各少々

［ 作り方 ］

❶かぼちゃは2cm角に切る。たまねぎは横半分に切ってから薄切りにする。それぞれざるに入れて蒸し器でやわらかくなるまで蒸し、たまねぎはそのまま冷まし、かぼちゃは塩、こしょう少々（ともに分量外）をふって冷ましておく。

❷アボカドは半分に切って種を取り、皮をむいて1cm角に切る。

❸ボウルに缶汁ごとツナを入れてAを合わせ、①、②を加えてさっくり和える（マヨネーズを少し加えてもコクが出て美味しい）。

point!

水っぽいかぼちゃにあたってしまったら、
蒸さずにオーブンで火を通してから
加えるのがおすすめ。

作りおきする時は、
サラダにアボカドの種を混ぜておくと、
アボカドが変色しにくくなります。

4. とうがんのきんぴら

材料（作りやすい分量）

- とうがん　200g
- 白ごま　小さじ1

A みりん　大さじ1/2
｜さとう　大さじ1/2
｜しょうゆ　大さじ1

［ 作り方 ］

❶とうがんは種を取って皮をむき、3㎝角の薄切りにする。

❷フライパンにごま油大さじ1（分量外）を熱し、①を中火で炒める。油がまわって少ししんなりしたらAを加え、汁気がなくなるまで炒める。火を止めて白ごまを混ぜる。

5. モロヘイヤのスープ

材料（作りやすい分量）

- モロヘイヤ　1/2束（50g）
- たまねぎ　大1/8個（40g）
- 水　400cc
- コンソメ（粉末）　小さじ2

［ 作り方 ］

❶モロヘイヤは太い茎を残して手でちぎり、粗く刻む。たまねぎはみじん切りにする。

❷鍋にオリーブ油大さじ1/2（分量外）を熱し、①のたまねぎを入れて中火で1〜2分炒める。水、コンソメを加え、煮立ったらモロヘイヤも加えて一煮立ちさせる。塩少々（分量外）で味を調えて火を止める。

point!

炒めたたまねぎを加えることで、
スープの旨みが増す。

1. ゴーヤの肉巻き カレー照り焼き

材料（2人分）

- ゴーヤ　大1/2本（150g）
- 豚バラ薄切り肉　4枚
- 塩・こしょう　各少々
- 小麦粉　適量

A 照り焼きダレ（P.17参照）　大さじ3
　カレー粉　小さじ1

［ 作り方 ］

❶ゴーヤは縦半分に切って種を取り、長さを3等分にしてから5mm幅の縦切りにする。塩少々（分量外）をまぶして5分おき、そのままさっとゆでて冷水に取り、水気を拭き取っておく。

❷豚肉を広げて並べ、軽く塩、こしょうをふり（なくてもよい）、端に①の1/4量ずつのせて、らせん状にしっかり巻く。豚肉の部分に小麦粉をうすくまぶす。

❸フライパンにサラダ油少々（分量外）を熱し、全面にこんがりと焼き色がつくまで転がしながら中火で5分ほど焼く。

❹余分な油を拭き取って、Aを加え、タレが少し残るくらいまで中火で煮絡める。

point!

辛くしたくないときは、
カレー粉なしで作っても美味しい。

アレンジレシピ P.32-33

2. トマトと厚揚げの卵とじ

材料（作りやすい分量）

- トマト　中1個（200g）
- 厚揚げ（絹）　大1枚（200g）
- いんげん　5本
- 卵　3個

A だし汁　200cc
　酒　大さじ1
　みりん　大さじ1
　さとう　大さじ1
　しょうゆ　大さじ2

［ 作り方 ］

❶厚揚げは熱湯にくぐらせ、油抜きをして一口大に切る。卵は割りほぐしておく。

❷トマトは湯むきしてざく切りにする。いんげんはさっと塩ゆでして冷水に取り、水気を拭いて2〜3cmに切る。

❸鍋にAを煮立てて厚揚げを入れ、中火で2分煮る。トマトも加えて1分煮たら、いんげんも加えてさっと煮る。強火にして溶いた卵をまわし入れ、少しかたまったら大きく混ぜて火を止める。

point!

いんげんは冷めにくいので、
冷水に取って変色を防ぐ。
厚揚げは、すが入らないように
蓋をしないで煮る。

白菜の卵とじ
まいたけの卵とじ
たけのこの卵とじ
なすの卵とじ

アレンジ
レシピ

卵とじ

卵でとじるだけで、
あっという間に
ボリュームおかずに。

まいたけの卵とじ

材料（作りやすい分量）

- まいたけ　1パック
- 卵　2個

A　だし汁　50cc
　さとう　大さじ1弱
　しょうゆ　大さじ1

[作り方]

❶まいたけは食べやすい大きさにほぐす。卵は割りほぐしておく。

❷鍋にAを煮立ててまいたけを入れ、蓋をして弱火で3分煮る。

❸蓋を取り、強火にして溶いた卵をまわし入れ、少しかたまったら大きく混ぜて火を止める。

なすの卵とじ

材料（作りやすい分量）

- なす　3本
- 卵　3個

A　だし汁　200cc
　酒　大さじ1
　みりん　大さじ1
　さとう　大さじ2
　しょうゆ　大さじ2

[作り方]

❶なすは縦半分に切ってから、ななめ1cm幅に切る。塩水に5分さらしたらざるに上げる。卵は割りほぐしておく。

❷鍋にAを煮立ててなすを加え、落とし蓋をして中火で5分煮る。

❸は「まいたけの卵とじ」と同じ。

point!

時間が経つとなすの色素で
黒っぽくなってくるが、味は変わらない。
なすの皮をむいておけば変色はしない。

たけのこの卵とじ

材料（作りやすい分量）

- ゆでたけのこ　小1本（200g）
- 卵　2個

A　だし汁　150cc
　酒　大さじ1
　みりん　大さじ1
　さとう　小さじ2
　しょうゆ　大さじ2

[作り方]

❶たけのこは縦半分に切って薄切りにする。卵は割りほぐしておく。

❷鍋にAを煮立ててたけのこを入れ、蓋をして弱火で3分煮る。

❸は「まいたけの卵とじ」と同じ。

白菜の卵とじ

材料（作りやすい分量）

- 白菜　3〜4枚（300g）
- たまねぎ　中1/2個（100g）
- 卵　3個

A　だし汁　150cc
　酒　大さじ1
　みりん　大さじ1
　さとう　小さじ2
　しょうゆ　大さじ1と1/2

[作り方]

❶白菜は2cm幅に切って、芯と葉に分けておく。たまねぎは縦半分に切ってから、繊維に直角に1cm幅に切る。卵は割りほぐしておく。

❷鍋にAを煮立てて、たまねぎ、白菜の芯、白菜の葉の順に入れ、蓋をして中火で5分煮る。一混ぜしてさらに5分煮る。

❸は「まいたけの卵とじ」と同じ。

卵とじの共通ポイント

卵のかたさはお好みですが、卵によく火が通るようにほぐしながら炒めておくと、お弁当にも入れやすくなります。青ねぎやニラなど、青みのある野菜を加えるのもおすすめ。

夏の献立

マーボーなす献立

◎マーボーなす
◎とうもろこしと桜えびのチーズちぢみ
◎甘酢きゅうり
◎かぼちゃとオクラのごまみそ汁

パンチのある料理をがっつり食べたい時はコレ。とろっとしたなすの食感とピリ辛ソースが絡んだマーボーは、ごはんお替り必至のメニュー。ちょこっと酢を加えることで、後引く美味しさに仕上がります。副菜には、とうもろこしやかぼちゃなど甘みのある野菜をたっぷりと。パリパリとした歯応えの酢の物を合わせれば、後味のバランスもハナマルです！

3. 甘酢きゅうり

材料（2人分）

- きゅうり　1本

A しょうゆ　大さじ1
酢　大さじ1
さとう　大さじ1
ごま油　大さじ1

[作り方]

❶きゅうりは大きめの乱切りにして保存容器に入れる。

❷Aを加え、よく混ぜ合わせてから冷蔵庫で半日おく（途中で何度か混ぜる）。

保存方法	冷蔵で約3日間

point!

ボウルで作る時は、
ラップをかぶせてから
冷蔵庫へ入れる。

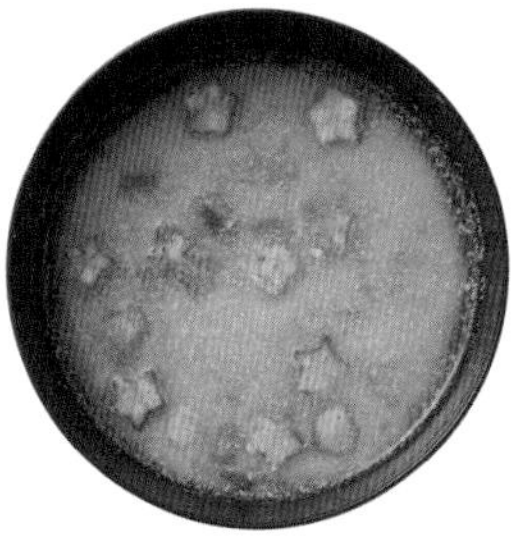

4. かぼちゃとオクラのごまみそ汁

材料（2人分）

- かぼちゃ　100g
- オクラ　4本
- だし汁　400cc
- みそ　大さじ1と1/2
- 白練りごま　大さじ1

[作り方]

❶かぼちゃは一口大に切る。オクラは塩少々（分量外）をまぶしてこすって洗い、がくを取って薄い輪切りにする。

❷鍋にだし汁、かぼちゃを入れて火にかける。煮立ったら弱火にして3〜5分煮る。かぼちゃがやわらかくなったらオクラを加え、みそと白練りごまを溶き入れる。

point!

仕上げに練りごまを加えると、
味がまろやかになりコクが出る。

1. マーボーなす

アレンジレシピ P.38-39

材料（2人分）

- なす　3本
- 豚ひき肉　100g
- しょうが（みじん切り）　小さじ1
- たまねぎ（みじん切り）　大さじ1
- 豆板醤　小さじ1
- こしょう　少々
- 酢　小さじ1

A 酒　大さじ2
さとう　大さじ1/2
しょうゆ　大さじ1と1/2
テンメンジャン　大さじ1と1/2
鶏がらスープの素　小さじ1
水　200cc

水溶き片栗粉
片栗粉　大さじ1
水　大さじ1

- 青ねぎ（小口切り）　適量
- 揚げ油　適量

[作り方]

❶なすは乱切りにして、切ったらすぐに高温の油でさっと素揚げする。

❷中華鍋にサラダ油大さじ1/2（分量外）を入れ、しょうが、たまねぎを弱火で炒める。香りが立ったらひき肉も加え、中火で炒める。ひき肉にしっかり火が通ったら豆板醤も加えて炒め、こしょうをふる。

❸Aを上から順に加え、煮立ったら①を入れて中火で3分煮る。弱火にして水溶き片栗粉でとろみをつけ、強火にして1分煮る。仕上げに酢を加えて一混ぜし、さっと煮て火を止める。

❹器に盛り、青ねぎをのせる。

2. とうもろこしと 桜えびの チーズちぢみ

材料（2人分）

- とうもろこし　1/2本
（粒100g ※コーン缶でも可）
- たまねぎ　中1/4個（50g）
- 桜えび　大さじ1
- ピザ用チーズ　大さじ2

A 小麦粉　35g
片栗粉　15g
鶏がらスープの素　大さじ1/3
ごま油　小さじ1
水　70cc

B（タレ）
しょうゆ　大さじ1
酢　大さじ1/2
さとう　小さじ2/3
ごま油　小さじ1/2
すり白ごま　小さじ2/3

[作り方]

❶とうもろこしは包丁で粒をそぎ取る（コーン缶を使う場合は、缶汁をしっかり切っておく）。たまねぎは横半分に切ってから薄切りにする。

❷ボウルにAを入れ、ダマができないように泡立て器で混ぜる。①、桜えび、ピザ用チーズを加え、ゴムベラでさっと混ぜる。

❸フライパンにサラダ油大さじ1（分量外）を熱し、中火にして②を流し入れ、形を整える。3分ほどこんがり焼いたらひっくり返し、さらに3分焼く。

❹食べやすい大きさに切って器に盛り、Bを合わせたタレを添える。

point!

小麦粉に片栗粉を混ぜて、
もっちり＆さっくりとした食感の生地にする。
タレは手軽にポン酢と七味でもよい。

マーボー長芋

マーボートマト

マーボー豆腐

アレンジ
レシピ

マーボー

バジルや香菜など、
添えものはお好みで。

マーボー豆腐

材料（2人分）

• 木綿豆腐　1丁（メイン食材）

※共通材料

• 豚ひき肉　100g
• しょうが（みじん切り）　小さじ1
• たまねぎ（みじん切り）　大さじ1
• 豆板醤　小さじ1
• こしょう　少々
• 酢　　小さじ1

A　酒　大さじ2
　さとう　大さじ1/2
　しょうゆ　大さじ1と1/2
　テンメンジャン　大さじ1と1/2
　鶏がらスープの素　小さじ1
　水　200cc

水溶き片栗粉
　片栗粉　大さじ1
　水　大さじ1

[作り方]

❶豆腐は1.5cm角に切る。鍋に湯をわかし、塩少々（分量外）を加えてゆで、使う直前にざるに上げる。

❷中華鍋にサラダ油大さじ1/2（分量外）を入れ、しょうが、たまねぎを弱火で炒める。香りが立ったらひき肉も加え、中火で炒める。ひき肉にしっかり火が通ったら豆板醤も加えて炒め、こしょうをふる。

❸Aを上から順に加え、煮立ったら①も加えて中火で3分煮る。弱火にして水溶き片栗粉でとろみをつけ、強火にして1分煮る。仕上げに酢を加えてひと混ぜし、さっと煮て火を止める。

point!

豆腐は下ゆでして余分な水分を抜き、
煮くずれを防いでおく。
ざるに長時間おくとくっついてしまうので、
鍋に入れる直前にざるに上げる。

マーボー長芋

材料（2人分）

• 長芋　中15㎝分（300g）
※共通材料

[作り方]

❶長芋は1cm幅の半月切りにする。フライパンにサラダ油大さじ1（分量外）を熱し、中火で両面をこんがり焼く。

❷〜❸は「マーボー豆腐」と同じ。

point!

長芋は両面を焼いておくと
香ばしくなり、より美味しくなる。
揚げるよりも手軽でおすすめ。

マーボートマト

材料（2人分）

• トマト　中2個（400g）
• 豚ひき肉　100g
• しょうが（みじん切り）　小さじ1
• たまねぎ（みじん切り）　大さじ1
• 豆板醤　小さじ1
• こしょう　少々
• 酢　　小さじ1

A　酒　大さじ2
　さとう　大さじ1/2
　しょうゆ　大さじ1と1/2
　テンメンジャン　大さじ1と1/2
　鶏がらスープの素　小さじ1
　水　150cc

水溶き片栗粉
　片栗粉　大さじ1
　水　大さじ1

[作り方]

❶トマトは湯むきして大きめのざく切りにする。

❷〜❸は「マーボー豆腐」と同じ。

point!

トマトは湯むきしておくと食感もよく、味もなじみやすい。
トマトから水分が出てくるので、
Aの水の分量はこのメニューだけ少なめにする。

夏の献立

揚げさばの甘辛献立

◎揚げさばの甘辛
◎卵豆腐
◎ゴーヤ、ポテト、コーンのサラダ
◎ミニトマトのハニーマリネ
◎ニラともやしのみそ汁

甘辛味がじわっとしみた揚げさばは、魚嫌いなお子さんにも好評のメニュー。なすとピーマンの鮮やかな彩りも食欲をそそり、ごはんがすすみます。主菜がこってりとした味わいなので、副菜はマリネや卵豆腐などさっぱり系を2品。ここに、ゴーヤとコーンたっぷりのポテトサラダも添えれば、ちょうどよいボリュームに。さまざまな夏野菜が楽しめる献立です。

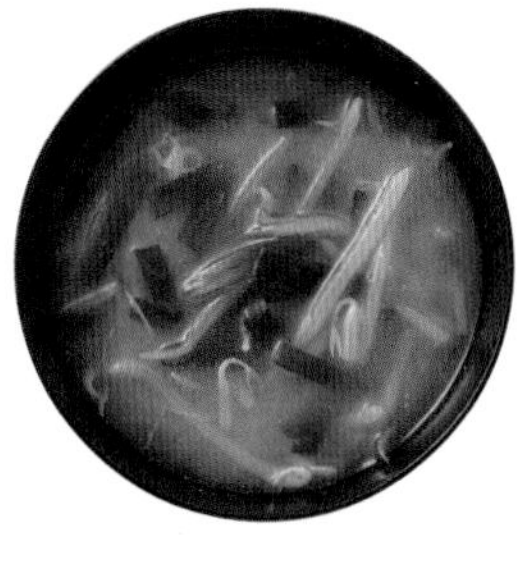

3. ゴーヤ、ポテト、コーンのサラダ

材料（作りやすい分量）

- ゴーヤ　1/4本（80g）
- じゃがいも　大2個（250g）
- コーン缶（粒）　50g
- たまねぎ　中1/4個（50g）

A 塩・こしょう　各少々
　酢　大さじ1/2

B マヨネーズ　大さじ3
　しょうゆ　小さじ1/2

［ 作り方 ］

❶じゃがいもは2cm角に切る。たまねぎは横半分に切ってから薄切りにする。それぞれざるに入れて蒸し器でやわらかくなるまで蒸す。

❷蒸し上がったらたまねぎはそのまま冷ましておく。じゃがいもはボウルに移し、Aで下味をつけて冷ましておく（好みでじゃがいもをつぶしてもよい）。

❸ゴーヤは縦半分に切って種を取り、薄切りにして塩少々（分量外）をまぶして5分おく。鍋に湯をわかしてゴーヤを塩がついたまま入れ、一混ぜしたら手早く冷水に取って冷ます。水気をしっかり絞る。

❹コーンはざるに入れ、缶汁を切っておく。

❺②〜④をBで和える。

保存方法　冷蔵で約2日間

point!

ゴーヤはひと手間かけて下ごしらえをしておくことで、苦味がやわらぎ、変色しにくくなる。

4. ミニトマトのハニーマリネ

マリネなどに使う場合は、しっかり水気を切るためにキッチンペーパーの上に並べる。

材料（作りやすい分量）

- ミニトマト　10個（150g）

A はちみつ　大さじ1
　酢　小さじ2
　レモン汁　小さじ2
　オリーブ油　大さじ1
　塩・こしょう　各少々

［ 作り方 ］

❶ミニトマトは湯むきして、キッチンペーパーの上に並べて水気を切る。

❷ボウルにAを合わせて①を入れ、冷蔵庫で2時間以上おく（途中何度か混ぜる）。

保存方法　冷蔵で約3日間

point!

はちみつでやさしい甘さに。酢とレモンを加えると、酸味に奥ゆきが出て香りも楽しめる。

5. ニラともやしのみそ汁

材料（2人分）

- 太もやし　1/2パック（100g）
- ニラ　1/4束（30g）
- だし汁　400cc
- みそ　大さじ1と1/2

［ 作り方 ］

❶太もやしは洗ってざるに上げ、水気を切っておく。ニラは3cm長さに切る。

❷鍋にだし汁と太もやしを入れて火にかける。煮立ったらニラを加えて火を止め、みそを溶き入れる。

1. 揚げさばの甘辛

材料（2人分）

- さば　2切れ（小さめ・半身分）
- たまねぎ　大1/4個（80g）
- なす　1本
- ピーマン　1個
- 赤ピーマン　1個
- 揚げ油　適量

A しょうゆ　大さじ2
　みりん　大さじ2
　さとう　小さじ2
　おろししょうが　小さじ1

[作り方]

❶さばは骨を取って1切れを4つに切り、酒少々（分量外）をふって5分おく。汁気を拭き取って片栗粉（分量外）をまぶす。

❷なす、ピーマン、赤ピーマンはそれぞれ一口大の乱切りにする。たまねぎはくし形に切る。

❸揚げ油を170℃に熱し、なす、ピーマン、赤ピーマンをさっと素揚げする。さばも1～2分こんがり色付くまで揚げる。

❹フライパンにサラダ油少々（分量外）を熱し、たまねぎをさっと炒める。Aを加え、一煮立ちしたら火を止め、③を加えて絡める。

point!

さばに酒をふって
生臭さをやわらげておく。

2. 卵豆腐

材料（作りやすい分量）

- 卵　3個

A だし汁　240cc
　塩　ひとつまみ
　みりん　小さじ1/2
　うす口しょうゆ　小さじ3/4

B だし汁　60cc
　みりん　大さじ1
　うす口しょうゆ　大さじ1

[作り方]

❶卵は割りほぐしてAを加え、よく混ぜたらこし器でこす。

❷水にくぐらせた流し缶（14×11cm）に①を流す。蒸気の上がった蒸し器に入れ、強火で1～2分、弱火にして15～20分蒸す（蒸し器の蓋はふきんなどで包み、蓋の間に菜箸を1本差し込んで、蓋が少し開いているようにして蒸す）。蒸し上がったら型ごと取り出し、粗熱が取れたら冷蔵庫で冷やす。

❸小鍋にBを入れ、一煮立ちさせて冷ましておく。

❹②を型から取り出して切り分け、器に盛って③をかける。

蒸気が強すぎるとすが入ってしまうので、蒸し器と蓋の間にすき間をあけておく。蓋を布で覆っておくと、卵豆腐に水滴が落ちない。

point!

流し缶がない場合は、茶碗蒸しのように
器に入れて蒸してもよい。

秋の献立

さんまのコチュジャン煮献立

◎さんまのコチュジャン煮
◎カリフラワー土佐煮
◎さつまいものポテトサラダ
◎まいたけときゅうりのおろし酢
◎小松菜と天かすのみそ汁

生のさんまは秋ならでは。塩焼きだけでなく、いろいろと楽しみたいものです。コチュジャンを加えて韓国風にすると、生臭さも消えてごはんによく合う一品に。お酒のおともにもおすすめです。つけ合わせには、秋野菜をしみじみ味わえる土佐煮、酢の物、そして、ほんのり甘いサラダを。煮魚&マヨネーズ味のサラダは、私のお気に入りの組み合わせです!

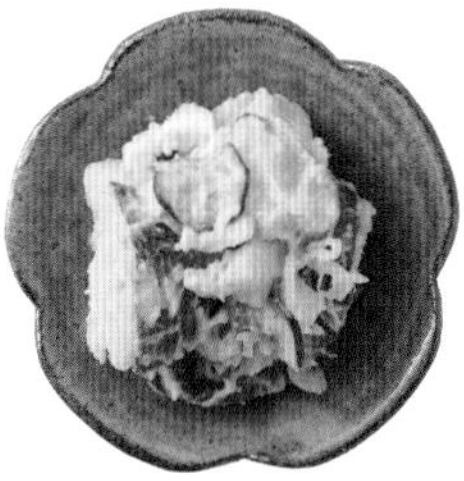

3. さつまいもの ポテトサラダ

材料（作りやすい分量）

- さつまいも　中1本（200g）
- たまねぎ　中1/4個（50g）
- きゅうり　1/2本
- ベーコン　2枚
- ゆで卵　1個
- 塩・こしょう　各少々

A マヨネーズ　大さじ3
しょうゆ　小さじ1/2
酢　小さじ1

［ 作り方 ］

❶さつまいもは丸ごと蒸し器に入れ、やわらかくなるまで蒸す。粗熱が取れたら1cm幅のいちょう切りにし、塩、こしょうをふって冷ましておく。

❷たまねぎは横半分に切ってから薄切りにする。ざるに入れて蒸し器でやわらかくなるまで蒸し、そのまま冷ましておく。

❸きゅうりは薄い輪切りにして塩少々（分量外）を加えてもみ、しんなりしたら水気を絞る。

❹ベーコンは1cm幅に切り、サラダ油少々（分量外）でさっと炒めておく。ゆで卵は粗く刻む。

❺①～④をAで和える。

保存方法	冷蔵で約3日間

point!

さつまいもは丸ごと蒸すと、水分を逃さずにほっくりと蒸せる。

4. まいたけと きゅうりのおろし酢

材料（作りやすい分量）

- まいたけ　1パック
- きゅうり　1/2本
- 大根　2cm（80g）

A 酢　大さじ2
さとう　大さじ1
しょうゆ　小さじ1

［ 作り方 ］

❶まいたけは食べやすい大きさに手でさいてさっと塩ゆでし、ざるに上げて冷ましておく。

❷きゅうりは薄い輪切りにして塩少々（分量外）を加えてもみ、しんなりしたら水気を絞る。

❸大根はおろして軽く水気を絞り、Aを和える。

❹③に①、②を加えて和える。

point!

先に大根おろしと調味料を和えておくと、味にムラが出ない。

5. 小松菜と天かすの みそ汁

材料（2人分）

- 小松菜　1株（100g）
- 天かす　大さじ2
- だし汁　400cc
- みそ　大さじ1と1/2

［ 作り方 ］

❶小松菜は3cm長さに切る。

❷鍋にだし汁を入れて火にかける。煮立ったら小松菜を入れ、さっと煮たら火を止めてみそを溶き入れる。

❸お椀によそい、天かすを大さじ1ずつのせる。

カリフラワーの
美味しさに、
思わず
はっとする一品！

アレンジレシピ
P.48-49

1. さんまの
コチュジャン煮

材料（2人分）

- さんま　2尾
- 白ねぎ（みじん切り）　1/4本分
- しょうが（みじん切り）　大さじ1

A
水　50cc
酒　50cc
みりん　50cc
しょうゆ　大さじ2
さとう　大さじ1
コチュジャン　大さじ1と1/2

［ 作り方 ］

❶さんまは頭と尾を切り落とし、4等分に切る。箸を使って内臓を取り除き、水洗いしたら水気をしっかり拭き取っておく。

❷鍋にA、白ねぎ、しょうがを入れ、中火で煮立てる。香りが立ったらさんまを並べ入れ、紙の落とし蓋をして10分ほど、中火のまま煮汁が少し残るくらいまで煮詰める。

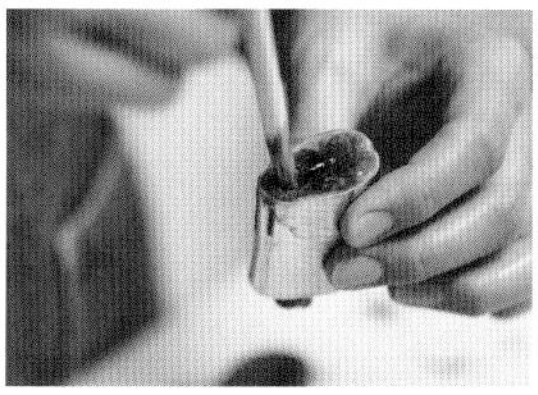

筒状に切ったさんまの内臓は、切り口に箸を入れて取り除く。

2. カリフラワー
土佐煮

材料（作りやすい分量）

- カリフラワー　1/2株（200g）

A
だし汁　200cc
みりん　大さじ1
しょうゆ　大さじ1

- かつお節　1パック（3g）

［ 作り方 ］

❶カリフラワーは食べやすい大きさに切り分ける。

❷鍋にAを煮立ててカリフラワーを入れ、蓋をして弱火で5分煮る。蓋を取り、かつお節を加えて火を止める。一混ぜしてそのまま冷まし、味を含ませる。

point!

かつお節の風味と旨みがとばないように、
鍋に入れたらすぐに火を止める。

しっかり味なのに、
魚の美味しさは
引き立っています。

あじのカレー煮

材料（2人分）

- あじ　2尾
- しめじ　小1パック(100g)
- たまねぎ　大1/4個(80g)
- 青ねぎ(小口切り)　適量
- カレー粉　大さじ1/2

A
- だし汁　250cc
- さとう　大さじ1/2
- みりん　大さじ1/2
- しょうゆ　大さじ2

水溶き片栗粉
- 片栗粉　大さじ1/2
- 水　大さじ1/2

［ 作り方 ］

❶あじは3枚におろし、1枚を2つに切る。塩少々(分量外)をふって小麦粉(分量外)をまぶし、サラダ油少々(分量外)を熱したフライパンに並べ、中火で両面こんがり焼いたら取り出しておく。

❷しめじはほぐしておく。たまねぎは横半分に切ってから薄切りにする。

❸鍋にサラダ油少々(分量外)を熱し、たまねぎを中火で炒める。少ししんなりしたらカレー粉を加え、さらに炒める。Aを加えて強火にし、煮立ったらしめじも加えて中火で5分煮る。

❹①のあじを加えて3分煮たら、弱火にして水溶き片栗粉でとろみをつけ、仕上げに強火にしてふつふつとなったら火をとめる。器に盛って青ねぎをちらす。

さばのキムチ煮

材料（2人分）

- さば　2切れ
- キムチ　100〜150g
- しょうが　1かけ

A
- 酒　大さじ3
- みりん　大さじ1
- さとう　大さじ1
- しょうゆ　大さじ1
- コチュジャン　小さじ1

［ 作り方 ］

❶さばの皮目にななめに2本切り目を入れておく。キムチはざく切り、しょうがはせん切りにする。

❷フライパンにAを煮立てて、①を入れ、蓋をして弱〜中火で10分、ときどき煮汁をかけながら煮る。

point!

キムチが落とし蓋のかわりになるので、鍋蓋だけをして煮る。

煮魚の共通ポイント

煮くずれしないように魚に味をなじませるには、煮汁をかけながら煮るか、煮汁が魚の上面まで対流するように落とし蓋をして煮ます。紙蓋なら魚にきずがつかず、臭い移りも気になりません。

アレンジ
レシピ

煮魚

さばの煮付け

材料（2人分）

- さば　2切れ
- しょうが　1かけ

A 水　150cc
さとう　大さじ2
酒　50cc
みりん　大さじ1
しょうゆ　大さじ1と1/2
たまりじょうゆ　小さじ1

［ 作り方 ］

①さばの皮目にななめに2本切り目を入れておく。しょうがは細切りにする。

②鍋にAを煮立て、さば、しょうがを入れる。紙の落とし蓋をして弱～中火で15分ほど、煮汁が半分になるくらいまで煮る。

point!

たまりじょうゆを加えることで、
こってりとした濃い色の煮汁になる。
味が濃くなり過ぎないように、
あまり煮詰めないで仕上げる。

カレイの煮付け

材料（2人分）

- カレイ　2切れ

A 水　60cc
酒　大さじ2
みりん　大さじ2
しょうゆ　大さじ2
さとう　小さじ2

［ 作り方 ］

①カレイの皮目にななめに2本切り目を入れておく。

②フライパンにAを煮立ててカレイを入れ、煮汁をまわしかけてふつふつとしてきたら、紙の落とし蓋をして中火で10分ほど、煮汁が少し残るくらいまで煮る（途中で何度か煮汁をスプーンですくってかける）。

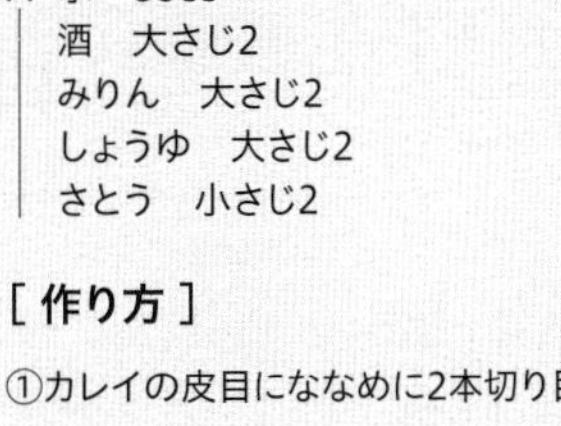

10分以内に煮汁がなくならないように注意しながら、紙蓋がぷかぷかするくらいの火加減で煮る。

秋の献立

五目春巻き献立

◎五目春巻き
◎なすとひろうすの煮物
◎れんこん梅和え
◎とうがん入りコーンスープ

母がよく作ってくれた野菜たっぷりの春巻き。お店で再現するとその大きさにびっくりされますが、私はいつも食べ出したら止まらず、4本はペロリでした！この春巻きをメインに、全体がしつこくならないように和風の煮物や酢の物を組み合わせたのがこちらの献立。とうがんがほろっととろけるコーンスープは、牛乳を使わないあっさり仕立てです。

副菜は油を使わずにあっさりと。
手軽なメニューを合わせましょう。

2. なすと ひろうすの 煮物

材料（作りやすい量）

- なす　中2本
- ひろうす（がんもどき）　2個

A だし汁　300cc
　しょうゆ　大さじ2
　さとう　大さじ2

［ 作り方 ］

❶なすは縦半分に切り、皮にななめに細かい切り目を入れて2〜3つに切る。水にさらしてざるに上げ、水気を切っておく。ひろうすは熱湯にくぐらせて油抜きをしておく。

❷鍋にAを煮立て、なすの皮目を上にして入れる。ひろうすも入れ、落とし蓋をして中火で5分煮る。火を止めて落とし蓋を取り、そのまま冷まして味を含ませる。

保存方法	冷蔵で約3日間

point!

なすの色が変わらないように、
落とし蓋を取って手早く冷ます。

3. れんこん 梅和え

材料（2人分）

- れんこん　大1/2節（100g）

A 梅肉　大さじ1
　酢　小さじ1/2
　みりん　小さじ1/2
　昆布茶　小さじ1/4
　しょうゆ　小さじ1/4

［ 作り方 ］

❶れんこんは縦半分に切り、薄い半月切りにする。塩少々（分量外）を加えた湯で1分ゆで、ざるに上げて水気を切って冷ましておく。

❷①をAで和える。

保存方法	冷蔵で約3日間

4. とうがん入り コーンスープ

材料（2人分）

- とうがん
  1/8個（正味200g）
- コーンクリーム缶　1/2缶

A 水　300cc
　鶏がらスープの素　小さじ2
　塩・こしょう　各少々

［ 作り方 ］

❶とうがんは種を取って皮をむき、1.5cm角に切る。

❷鍋にごま油大さじ1/2（分量外）を熱し、とうがんを炒める。Aを加えて煮立ったら弱火にし、蓋をしてとうがんがやわらかくなるまで5〜10分煮る。

❸コーンクリームを加え、一煮立ちさせたら火を止める。

1. 五目春巻き

アレンジレシピ P.54-55

材料（10本分）

- 春巻きの皮（20×20cm）　10枚
- 豚こま切れ肉　150g
- 春雨　100g
- たまねぎ　大1/2個（160g）
- にんじん　中1/2本（100g）
- ゆでたけこの　小1/2本（100g）
- ニラ　1/2束
- 干ししいたけ　3枚
- レタス　適量
- 揚げ油　適量

水溶き片栗粉
　片栗粉　大さじ1
　水　大さじ1

A 酒　大さじ1/2
　しょうゆ　大さじ1/2

B 水　150cc
　鶏がらスープの素　小さじ2
　酒　大さじ2
　しょうゆ　大さじ1
　さとう　小さじ1/2
　塩・こしょう　各少々

［ 作り方 ］

❶豚肉は2cm長さに切ってAで下味をつけておく。春雨はさっと湯通ししてざるに上げ、水で洗って食べやすく切る。

❷たまねぎは横半分に切ってから薄切りにする。にんじんは3cm長さの細切りにする。ゆでたけのこは細切りにする。ニラは3cm長さに切る。干ししいたけは戻して細切りにする。

❸フライパンにサラダ油大さじ1（分量外）を熱し、豚肉を中火で炒める。豚肉がほぐれたら②のニラ以外を加え、強火でフライパンをあおりながら炒める。Bと春雨を加えて中火で5分煮て、春雨に煮汁を吸わせる。

❹ニラを加えて一混ぜし、弱火にして水溶き片栗粉でとろみをつける。ごま油を加えて強火にし、一混ぜしたらバットに移して冷ましておく。

❺春巻きの皮を広げ、④の具の1/10を手前の方にのせる。手前、左、右の順に折りたたんで巻き、水溶き小麦粉（分量外）でとめる。

❻170℃に熱した油に⑤を数本ずつ入れたらすぐに返し、弱火にして5分、さらに返して強火にして1〜2分、全体がこんがり色付くまで揚げる。

❼食べやすい大きさに切ってレタスとともに皿に盛る。お好みで酢じょうゆやからしを添えても。

保存方法　揚げる前の状態で
1本ずつラップをして冷凍可

Point!

春雨はさっと湯通しする程度にしておくと、他の具材の水分を吸ってくれるので全体が水っぽくならない。

えびとれんこんの春巻き

材料（4本分）

- 春巻きの皮（20×20cm）4枚
- むきえび　100g
- れんこん　大1/2節（100g）
- ごま油　小さじ2/3
- 揚げ油　適量

A 塩　小さじ1/3
片栗粉　大さじ1

B（ソース）
酢　大さじ2
ケチャップ　大さじ1
豆板醤　小さじ1/2
さとう　小さじ2/3

[作り方]

❶えびは背わたを取って粗く刻み、Aをもみ込んでおく。

❷れんこんは7mm角に切って酢水にさらし、ざるに上げて水気を切っておく。

❸①、②を合わせ、ごま油を加えて混ぜる。

④春巻きの皮を広げ、③の1/4をのせて巻く。

⑤170℃に熱した油に入れ、すぐに返して4〜5分、全体がこんがり色付くまで転がしながら揚げる。

⑥食べやすい大きさに切って器に盛り、Bを合わせたチリソースを添える。

point!

具材にごま油を混ぜて、
風味をつけておく。

キャベツと卵の春巻き

材料（4本分）

- 春巻きの皮（20×20cm）4枚
- キャベツ　1/8個（150g）
- ゆで卵　2個
- ベーコン　2枚
- バター　10g
- 揚げ油　適量

[作り方]

❶キャベツは1cm幅に切る。ゆで卵は粗く刻む。ベーコンは1cm幅に切る。

❷バターでベーコン、キャベツを炒め、しんなりしたら塩、こしょうをして火を止める。ゆで卵も加えてざっくりと混ぜたら冷ましておく。

❸春巻きの皮を広げ、②の1/4をのせて巻く。

❹170℃に熱した油に入れ、すぐに返して5分ほど、全体がこんがり色付くまで転がしながら揚げる。

オクラとズッキーニの春巻き

材料（4本分）

- 春巻きの皮（20×20cm）4枚
- ズッキーニ　大1/2本（150g）
- オクラ　4本
- 揚げ油　適量

A マヨネーズ　大さじ1
オイスターソース　小さじ1

[作り方]

❶ズッキーニは放射状に縦8等分に切る。オクラは塩（分量外）でこすってさっと洗い、水気を拭いてガクを取る。Aは合わせておく。

❷春巻きの皮を広げ、切ったズッキーニ2本とオクラ1本をおく。塩、こしょう少々（ともに分量外）をふり、Aを小さじ1ずつのせて巻く。

❸170℃に熱した油に入れ、すぐに返して3分ほど、全体にこんがり色付くまで転がしながら揚げる。

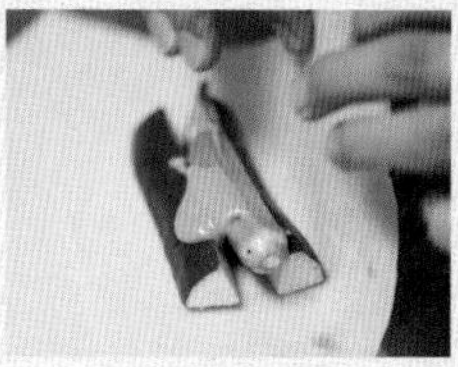

巻く具材は中心より少し手前に置く。ズッキーニの上にオクラをのせると巻きやすい。

とうもろこしと豆腐の春巻き

材料（4本分）

- 春巻きの皮（20×20cm）4枚
- 木綿豆腐　2/3丁
- たまねぎ　中1/4個分（50g）
- とうもろこし（粒※コーン缶でも可）
  1/2本分（100g）
- ちりめんじゃこ　大さじ2

A 白練りごま　大さじ1
塩　小さじ1/2
こしょう　少々
片栗粉　小さじ2

- 揚げ油　適量

[作り方]

❶たまねぎはみじん切りにする。豆腐はキッチンペーパーに包んで重しをし、しっかり水気を切る。ボウルに入れてすりこぎでつぶし、Aを加えて混ぜる。

❷たまねぎ、とうもろこし、ちりめんじゃこを加えてさらに混ぜる。

❸春巻きの皮を広げ、②の1/4をのせて巻く。

❹170℃に熱した油に入れ、すぐに返して5分ほど、全体がこんがり色付くまで転がしながら揚げる。

❺食べやすい大きさに切って器に盛り、お好みでケチャップを添える。

アレンジ
レシピ

春巻き

春巻きは、
衣いらずの
便利な揚げ物です。

春巻きの共通ポイント

揚げると多少ちぢむので、中身の具材はぎっしり詰めてきつめに巻いておきましょう。最後に高温で揚げて油をしっかり切っておくと、全体がベタっとならず、切り口がさくっとなります。

秋の献立

里芋コロッケ献立

◎里芋コロッケ
◎にんじんしりしり
◎おひたしサラダ
◎カリフラワーの豆乳ポタージュ

ほくほくでもトロトロでも美味しい里芋コロッケが主菜。クリーミーなポタージュを合わせているので、サラダには大葉としょうがの風味がきいた、さっぱりした一品を添えました。手軽に作れるしりしりは、ツナのコク、にんじんの甘み、卵のまろやかさが相まったごはんによく合うメニュー。ほどよい歯応えで満足感もあり、お子さんにも人気のおかずです。

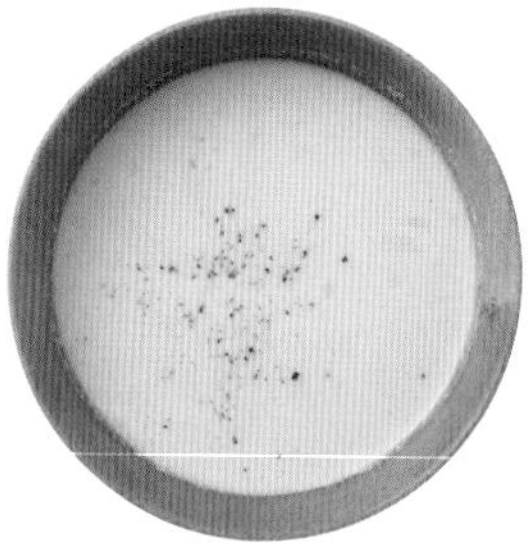

3. おひたしサラダ

材料（作りやすい分量）

- レタス　1/2玉
- きゅうり　1/2本
- 大根　3cm
- 大葉　3枚
- しょうが　1かけ
- かつお節　1/2パック

A だし汁　200cc
さとう　大さじ1と1/2
酢　大さじ2
うす口しょうゆ　大さじ2

［ 作り方 ］

❶レタスは一口大にちぎって塩少々（分量外）を加えてもむ。大根は薄いいちょう切り、きゅうりは薄い輪切りにして合わせ、塩少々（分量外）を加えてもむ。

❷大葉、しょうがはせん切りにして水にさらす。

❸ボウルにAを合わせ、①、②の水気をしっかり絞って加え、一混ぜする。器に盛り、かつお節をのせる。

point!

レタスは塩もみすると水分が出て
調味料がなじみやすくなる。
大葉は変色しないように、
しょうがはしんなりしないように、
水にさらしておく。

4. カリフラワーの豆乳ポタージュ

材料（2人分）

- カリフラワー　1/4個（100g）
- たまねぎ　中1/4個（50g）
- 無調整豆乳　200cc

A 水　200cc
コンソメ（粉末）　小さじ2
塩・こしょう　各少々

［ 作り方 ］

❶カリフラワーは小房に切り分ける。たまねぎは横半分に切ってから薄切りにする。

❷鍋にサラダ油少々（分量外）を熱し、①を中火で炒める。少ししんなりしたらAを加え、蓋をして弱火で10分煮たら冷ましておく。粗熱が取れたらミキサーにかけ、鍋に戻す。

❸豆乳を加えて中火にかけ、煮立てない程度に温める。

保存方法　②でミキサーにかけたものを冷凍可。
⇒自然解凍して豆乳を加える。

point!

すぐに食べない時は、
②まで作っておいて
豆乳は食べる直前に加える。

こしょうがアクセント。
豆乳のかわりに
牛乳を加えると、
よりクリーミーに。

1. 里芋コロッケ

アレンジレシピ P.60-61

材料（作りやすい分量）

- 里芋　500g
- たまねぎ　大1/4個（80g）
- 鶏ひき肉　100g

A 酒　大さじ1
塩　小さじ1弱
こしょう　少々
さとう　大さじ1
しょうゆ　大さじ1

衣
小麦粉・溶き卵・パン粉　各適量

- ウスターソース　適量
- せん切りキャベツ　適量
- 揚げ油　適量

[作り方]

❶たまねぎはみじん切りにする。

❷フライパンにサラダ油大さじ1（分量外）を熱し、たまねぎとひき肉を炒める。ひき肉に火が通ったらAを加え、汁気がなくなってたまねぎがとろっとなるまで弱火でじっくり炒める。

❸里芋は皮をむき、塩（分量外）でもんでぬめりを洗い流す。ざるに入れ、蒸し器でやわらかくなるまで蒸す。

❹里芋をボウルに移して熱いうちにすりこぎでつぶし、②を加えてよく混ぜる。

❺冷めたら好みの大きさに丸めて、小麦粉、溶き卵、パン粉の順に衣をつける。

❻160℃に熱した油に入れ、転がしながら5分ほどこんがり色付くまで揚げる。

❼ソースをかけて器に盛り、せん切りキャベツを添える。

point!

里芋はぬめりを洗い落としてから蒸すと成形しやすくなり、ほっくりと仕上がる。

2. にんじんしりしり

材料（2人分）

- にんじん　中1本（200g）
- ツナ缶　小1缶
- 卵　2個
- かつお節　1パック（3g）

A さとう　小さじ2
酒　小さじ2
しょうゆ　小さじ2

[作り方]

❶にんじんはせん切りにする。卵は割りほぐしておく。

❷フライパンにごま油大さじ1/2（分量外）を熱し、にんじんを弱～中火でじっくり炒める。

❸しんなりしたら缶汁を切ったツナを加えて炒め、Aも加えてしばらく炒めたら溶き卵を絡める。卵に完全に火が通ったら、かつお節を加えて一混ぜする。

保存方法	冷蔵で約3日間

鮭ポテトコロッケ

材料（8〜10個分）

- じゃがいも　大4個（500g）
- たまねぎ　中1/2個（100g）
- 塩鮭　1切れ（ほぐし身50g）
- 大葉　3枚
- 塩　小さじ1/2
- こしょう　少々
- マヨネーズ　大さじ1
- 揚げ油　適量

衣
小麦粉・溶き卵・パン粉　各適量

［ 作り方 ］

❶たまねぎはみじん切りにする。フライパンにサラダ油大さじ1（分量外）を熱し、たまねぎを炒める。油がまわったら塩、こしょうをして弱火で3分、蓋をして蒸し煮にする。蓋を取り、水分がとぶまで強火で炒めておく。

❷塩鮭は焼いて骨を取り、ほぐしておく。大葉はみじん切りにする。

❸じゃがいもは大きめに切り、水にさらす。ざるに入れて蒸し器で蒸し、火が通ったら熱いうちにすりこぎでつぶし、①を加えて混ぜる。②、マヨネーズも加えて混ぜ、塩少々（分量外）で味を調える。

❹〜❺は「卵コロッケ」と同じ

保存方法　④の丸めた状態でラップをかぶせ、冷蔵で3日間。または揚げてから1つずつラップして冷凍保存。

れんこんコロッケ

材料（8〜10個分）

- じゃがいも　大3個（400g）
- れんこん　1節（150g）
- たまねぎ　中1/2個（100g）
- 鶏ひき肉　100g
- 揚げ油　適量

A　酒　大さじ1
さとう　大さじ1
しょうゆ　大さじ1
塩　小さじ1弱

衣
小麦粉・溶き卵・パン粉
各適量

［ 作り方 ］

❶たまねぎ、れんこんはみじん切りにする。れんこんは水にさらしてしばらくおき、ざるに上げて水気を切っておく。

❷フライパンにサラダ油大さじ1（分量外）を熱し、たまねぎ、ひき肉を炒める。ひき肉に火が通ったらAを加え、なじんだられんこんも加えて、汁気がなくなってたまねぎがとろっとなるまで弱火でじっくりと炒める。

❸じゃがいもは大きめに切り、水にさらす。ざるに入れて蒸し器で蒸し、火が通ったら熱いうちにすりこぎでつぶし、①を加えて混ぜる。

❹〜❺は「卵コロッケ」と同じ

保存方法　④の丸めた状態でラップをかぶせ、冷蔵で3日間。または揚げてから1つずつラップして冷凍保存。

アレンジ
レシピ

コロッケ

具材にしっかり味をつけて、
ソースなしでも満足のおかずに。

卵コロッケ

材料（8～10個分）

- じゃがいも　大4個（500g）
- たまねぎ　中1/2個（100g）
- ハム　2枚
- ゆで卵　2個
- ピクルス（みじん切り）　大さじ1
- マヨネーズ　大さじ1
- 揚げ油　適量

A　塩　小さじ1弱
　こしょう　少々

衣
小麦粉・溶き卵・パン粉
各適量

［ 作り方 ］

❶たまねぎ、ハムはみじん切りにする。フライパンにサラダ油大さじ1（分量外）を熱して炒め、油がまわったらAを加え、蓋をして弱火で3分蒸し煮にする。蓋を取り、水分がとぶまで強火で炒めておく。

❷じゃがいもは大きめに切り、水にさらす。ざるに入れて蒸し器で蒸し、火が通ったら熱いうちにすりこぎでつぶし、①を加えて混ぜる。

❸粗熱が取れたら、ゆで卵を刻んで加え、ピクルス、マヨネーズも加えて混ぜ、塩少々（分量外）で味を調える。

❹冷めたら8～10個の好みの大きさに丸め、小麦粉、溶き卵、パン粉の順に衣をつける。

❺160℃に熱した油に入れ、転がしながら5分ほど、こんがり色付くまで揚げる。

保存方法　④の丸めた状態でラップをかぶせ、冷蔵で3日間。

point!

水分の多いマヨネーズや卵を具材に混ぜるので、①でしっかり炒めて水分をとばしておく。

ひじき入りカレーコロッケ

材料（8～10個分）

- じゃがいも　大4個（500g）
- たまねぎ　中1/2個（100g）
- 豚ひき肉　100g
- 芽ひじき（乾燥）　大さじ2と1/2（10g）
- カレー粉　大さじ1弱
- 揚げ油　適量

A　酒　大さじ1
　さとう　大さじ1
　しょうゆ　大さじ1
　塩　小さじ1弱

衣
小麦粉・溶き卵・パン粉
各適量

［ 作り方 ］

❶たまねぎはみじん切りにする。ひじきは30分水につけて戻し、よく洗って水気を絞る。

❷フライパンにサラダ油大さじ1（分量外）を熱し、たまねぎ、ひき肉を炒める。ひき肉に火が通ったらカレー粉を加えてよく炒め、Aを加える。なじんだらひじきも加え、汁気がなくなってたまねぎがとろっとするまで、弱火でじっくりと炒める。

❸じゃがいもは大きめに切り、水にさらす。ざるに入れて蒸し器で蒸し、火が通ったら熱いうちにすりこぎでつぶし、①を加えて混ぜる。

❹～❺は「卵コロッケ」と同じ

保存方法　④の丸めた状態でラップをかぶせ、冷蔵で3日間。または揚げてから1つずつラップして冷凍保存。

コロッケの共通ポイント

タネが水っぽくならないように、じゃがいもに混ぜる具材の水分はしっかりとばしてください。衣の粉や卵はそれぞれムラがないようにまんべんなくつけておくと、きれいに揚がります。

冬の献立

肉豆腐献立

◎肉豆腐
◎白菜とみかんのサラダ
◎たたきごぼう
◎ラディッシュの塩昆布和え

定番の肉豆腐は、欲張って野菜を入れ過ぎないのがポイント。甘辛くやわらかな肉と、中が白くほろほろとした豆腐のマリアージュを、存分に楽しみましょう。副菜には歯応えしっかりのごぼう、白菜、ラディッシュを。それぞれ甘辛味、酸っぱい味、塩味に仕立て、少しずつ盛り付けました。料理にみかんを加えると、風味に彩りにいい仕事をしてくれます！

3. たたきごぼう

材料（作りやすい分量）

- ごぼう　1本（200g）
- 白ごま　1/4カップ

A さとう　大さじ2強
　酢　大さじ2強
　酒　大さじ1
　しょうゆ　大さじ1

[作り方]

❶ごぼうはタワシで洗い、鍋に入る長さに切る。米のとぎ汁（分量外）で竹串がすっと通るやわらかさになるまでゆで、水に取って冷ます。

❷ごぼうの水気を拭いてすりこぎで軽くたたく。太いものは2つに割って4〜5cm長さに切る。

❸すり鉢で白ごまをよくすってAと合わせ、ごぼうを和える。

保存方法	冷蔵で約5日間

point!

ごぼうを米のとぎ汁でゆでると、ぬかがアクを吸収してくれる。

お正月だけではもったいない！
おなじみのメニューにしたい
風味豊かな酢の物です。

4. ラディッシュの塩昆布和え

材料（作りやすい分量）

- ラディッシュ　5〜6個
- 塩昆布　大さじ1
- ごま油　小さじ1/2

[作り方]

❶ラディッシュは葉を落とし、5mm幅の輪切りにする。

❷①に塩昆布、ごま油を加え、食べる直前に和える。

point!

塩昆布の塩分で水が出てくるので、和えるのは食べる直前に。

1. 肉豆腐

アレンジレシピ P.66-67

材料（2人分）

- 牛こま切れ肉　150g
- 木綿豆腐　1丁
- 白ねぎ　1本
- えのき　小1パック（100g）
- さとう　大さじ1と1/2
- しょうゆ　大さじ2
- 酒　大さじ2
- だし汁　200cc

［ 作り方 ］

❶豆腐は軽く水切りして4つに切る。白ねぎはなめ1cm幅に切る。えのきはほぐしておく。

❷鍋にサラダ油少々（分量外）を熱し、牛肉を炒める。色が変わったら、さとう、しょうゆの順に絡める。香りが立ったら酒とだし汁を加える。

❸煮立ったらアクを取って①を加え、落とし蓋をして中火で8〜10分煮る。

point!

はじめにさとうを加えて
肉に香ばしい風味をつける。

2. 白菜とみかんのサラダ

材料（2人分）

- 白菜　大2枚（200g）
- みかん　2個

A マヨネーズ　大さじ2
　こしょう　少々

［ 作り方 ］

❶白菜の芯は5cm長さに切ってから、縦に5mm幅に切る。葉は縦2つに切ってから横に1cm幅に切る。塩少々（分量外）をまぶしてしばらくおき、水気が出たら絞る。

❷みかんは皮をむき、薄皮がついたまま5mm幅のいちょう切りにする。

❸Aで①、②を和える。

トマト肉豆腐

カレー肉豆腐

ニラ玉肉豆腐

アレンジ
レシピ

肉豆腐

ニラ玉肉豆腐

材料（2人分）

- 豚バラ薄切り肉　150g
- 木綿豆腐　1丁
- ニラ　1束
- 溶き卵　3個分

A
- だし汁　200cc
- さとう　大さじ1/2
- 酒　大さじ1
- みりん　大さじ1と1/2
- しょうゆ　大さじ2

［ 作り方 ］

❶豆腐は軽く水切りして一口大に切る。豚肉は一口大に切る。ニラは3cmに切る。

❷鍋にAを煮立てて豚肉を入れ、弱火にして肉をほぐす。豆腐を加え、落とし蓋をして中火で5分煮る。

❸ニラを加え、強火にして溶いた卵をまわし入れ、少しかたまったら大きく混ぜて火を止める。

お好みで
温泉卵をのせて。

カレー肉豆腐

材料（2人分）

- 豚バラ薄切り肉　150g
- 木綿豆腐　1丁
- たまねぎ　大1/2個(160g)
- ブロッコリー　1/8株
- カレー粉　小さじ2
- さとう　大さじ2
- しょうゆ　大さじ2
- 酒　大さじ2
- だし汁　200cc

［ 作り方 ］

❶豆腐は軽く水切りして8つに切る。豚肉は一口大に切る。たまねぎは繊維に直角に1cm幅に切る。ブロッコリーは小房に切り分けてさっと塩ゆでし、手早く冷ましておく。

❷鍋にサラダ油少々（分量外）を熱し、豚肉を炒める。色が変わったらたまねぎを加えて炒め、さらにカレー粉も加えて炒める。豚肉にさとう、しょうゆの順に絡め、香りが立ったら酒とだし汁を加える。

❸煮立ったらアクを取って豆腐を入れ、落とし蓋をして中火で8〜10分煮る。蓋を取り、ブロッコリーを加えてさっと煮る。

トマト肉豆腐

材料（2人分）

- 牛こま切れ肉　150g
- 木綿豆腐　1丁
- トマト　小1個(150g)
- ズッキーニ　1/2本(100g)
- たまねぎ　大1/4個(80g)
- にんにく　1/2かけ
- オリーブ油　大さじ1
- さとう　大さじ2
- しょうゆ　大さじ2
- 酒　大さじ2
- だし汁　200cc

［ 作り方 ］

❶豆腐は軽く水切りして大きめの一口大に切る。トマトは湯むきしてくし形に切る。ズッキーニは1cm幅の輪切りにする。たまねぎはくし形に切る。にんにくは芯を取って薄切りにする。

❷鍋にオリーブ油とにんにくを入れて中火にかける。にんにくが色付いてきたら取り出し、牛肉を炒める。ズッキーニとたまねぎも炒め、油がまわったら牛肉にさとう、しょうゆを順に絡め、香りが立ったら酒とだし汁を加える。

❸煮立ったらアクを取って豆腐を入れ、落とし蓋をして中火で5分煮る。仕上げにトマトを加え、煮汁にひたしながら3分煮る。

肉豆腐の共通ポイント

煮ている間に混ぜたりすると豆腐がくずれてしまうので、いじらないこと。落とし蓋をすると煮汁が鍋の中を対流するので、混ぜなくても調味料が全体に行き渡ります。

冬の献立

白菜とゆで卵のグラタン献立

◎白菜とゆで卵のグラタン
◎大根とちくわの煮物
◎さつまいものレモンマリネ
◎春菊となめこのすまし汁

ゆで卵がほくっと美味しい、やさしい味わいのグラタンです。ホワイトソース&チーズでも、野菜たっぷりなので見た目よりずっとあっさり。パンにももちろん合いますが、煮物やすまし汁を添えて和の献立にしてしまえば食後も軽やかです。レモンとはちみつがほんのり香るさつまいものマリネは、手軽に作れるお口直し。彩りもよく、お弁当の一品にもおすすめです。

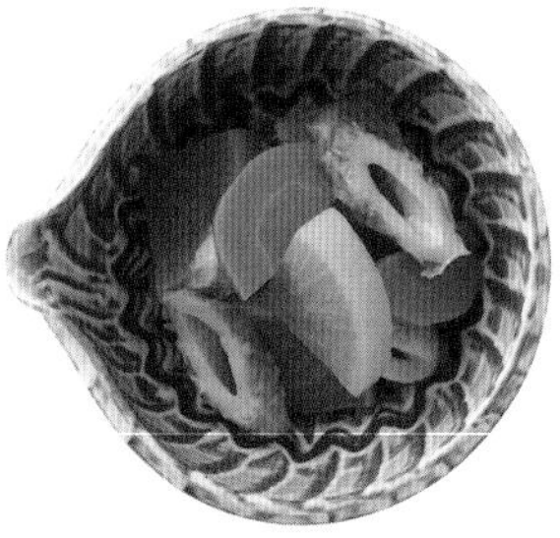

2. 大根とちくわの煮物

材料（作りやすい分量）

- 大根　10cm（400g）
- ちくわ　小4本
- にんじん　中1/2本（100g）

A だし汁　300cc
　さとう　大さじ1
　酒　大さじ2
　しょうゆ　大さじ2

[作り方]

❶大根は1cm幅のいちょう切り、にんじんは5mm幅の半月切りにする。ちくわはななめに切る。

❷鍋にA、大根、にんじんを入れて強火にかける。煮立ったら、落とし蓋をして弱火で10分煮る。大根がやわらかくなったらちくわを加えて一混ぜし、さらに3分煮る。

保存方法　冷蔵で約3日間

3. さつまいものレモンマリネ

材料（作りやすい分量）

- さつまいも　中1本

A レモン汁　大さじ2
　はちみつ　大さじ1
　オリーブ油　大さじ1
　塩・こしょう　各少々

[作り方]

❶ボウルにAを合わせておく。

❷さつまいもは1cm幅の輪切りにして水にさらし、ざるに入れて蒸し器でやわらかくなるまで蒸す。

❸さつまいもが熱いうちに①に入れ、半日以上おいて味をなじませる。

保存方法　冷蔵で約3日間

4. 春菊となめこのすまし汁

材料（2人分）

- 春菊　1/2束
- なめこ　1パック

A だし汁　200cc
　うす口しょうゆ　大さじ1/2
　塩　少々

- ごま油　小さじ1/2

[作り方]

❶春菊は3cm長さに切る。なめこはざるに入れ、さっと流水で洗う。

❷鍋にAを煮立てる。春菊となめこを入れてさっと煮たら、仕上げにごま油をたらす。

ごま油を少し加えて、
スープ風の味わいに。

アレンジレシピ P.72-73

1. 白菜と ゆで卵のグラタン

材料（2人分）

- 白菜　1/8玉（250g）
- ゆで卵　2個
- しいたけ　4枚
- 白ねぎ　1/2本
- ピザ用チーズ　40g

A　コンソメ（粉末）　大さじ1/2
　　酒　大さじ1

- バター　30g
- 小麦粉　大さじ3（27g）

B　牛乳　150cc
　　白菜としいたけの蒸し汁 + 水　150cc
　　しょうゆ　小さじ1/4
　　塩　小さじ1/4
　　こしょう　少々

［ 作り方 ］

❶白菜の葉はざく切り、芯はそぎ切りにする。しいたけは軸ごとそぎ切り、白ねぎはななめ薄切りにする。

❷フライパンに白菜、しいたけ、Aを入れ、蓋をして中火で蒸し煮にする。白菜がやわらかくなったらざるに上げ、蒸し汁は取り出しておく。

❸フライパンにバターを溶かし、白ねぎを中火で炒める。しんなりしたら小麦粉を加え、さらに焦がさないように炒める。Bを少しずつ加えて混ぜながら煮て、とろみがついたら②の白菜としいたけを加えて和える。

❹耐熱皿に③を半量入れ、くし形に切ったゆで卵を半量のせる。残りの③ものせ、ゆで卵の残り半量とチーズをのせて200℃のオーブンで10分焼く。

ゆで卵とソースの層を
上下2層作ることで、
どこをすくっても卵が味わえる。

豆腐と大葉の風味で、
あっさりいただけます。

明太豆腐グラタン

材料（2人分）

- 明太子　2腹
- 木綿豆腐　1丁
- たまねぎ　中1/2個（100g）
- 大葉　10枚
- しめじ　1/2パック（50g）
- バター　30g
- 小麦粉　大さじ3（27g）
- 牛乳　300cc
- 塩　少々
- こしょう　少々
- しょうゆ　少々
- ピザ用チーズ　40g

［ 作り方 ］

❶豆腐はキッチンペーパーで包んで重石をし、しっかり水気を切っておく。たまねぎは薄切り、大葉はせん切りにする。しめじはほぐしておく。

❷フライパンにバターを溶かし、たまねぎとしめじを中火で炒める。しんなりしたら小麦粉を加え、さらに焦がさないように炒める。少しずつ牛乳を加えて混ぜながら煮て、とろみがついたらほぐした明太子と大葉を加えて混ぜ、塩、こしょう、しょうゆで味を調える。

❸耐熱皿に豆腐をくずし入れる。②をかけてピザ用チーズをのせ、200°Cのオーブンで10分焼く。

グラタンの共通ポイント

ホワイトソースを作る時の注意点は、ダマができないようにすること。牛乳などの水分は少しずつ加えていきましょう。中火のまま炒め続けることで、なめらかなソースに仕上がります。

アレンジ
レシピ

グラタン

かきとほうれん草の グラタン

材料（2人分）

- かきむき身　150g
- ほうれん草　1/2束（150g）
- たまねぎ　中1/2個（100g）
- バター　30g
- 小麦粉　大さじ3（27g）
- 牛乳　300cc
- 塩　小さじ1/2
- こしょう　少々
- ピザ用チーズ　40g
- パン粉　大さじ2

［ 作り方 ］

❶かきは塩（分量外）をまぶして洗い、水気を切って鍋に入れる。酒大さじ1（分量外）を加え、蓋をして中火にかけ、身がふっくらとして火が通ったら取り出し、蒸し汁も取っておく。

❷ほうれん草はさっと塩ゆでして冷水に取り、絞って3cm長さに切る。たまねぎは薄切りにする。

❸フライパンにバターを溶かし、たまねぎを中火で炒める。しんなりしたら小麦粉を加え、さらに焦がさないように炒める。牛乳と①の蒸し汁を少しずつ加えて混ぜながら煮る。とろみがついたら塩、こしょうで味を調える。

❹③の半量とほうれん草を和えて耐熱皿に敷く。かきを並べて残りの③をかけ、ピザ用チーズとパン粉をのせて200℃のオーブンで10分焼く。

point!

かきに塩をまぶしてから洗うと、汚れが落ちやすい。

かぼちゃとひき肉の カレーグラタン

材料（2人分）

- かぼちゃ　1/8個（200g）
- 豚ひき肉　100g
- たまねぎ　中1/2個（100g）
- バター　30g
- カレー粉　小さじ2
- 小麦粉　大さじ3（27g）
- 牛乳　300cc
- 塩　小さじ1/2
- こしょう　少々
- しょうゆ　小さじ1/2
- ピザ用チーズ　40g
- パン粉　大さじ2

［ 作り方 ］

❶かぼちゃは2cm角に切ってざるに入れ、蒸し器でやわらかくなるまで蒸す。塩、こしょう少々（ともに分量外）をして冷ましておく。たまねぎはみじん切りにする。

❷フライパンにバターを溶かし、たまねぎとひき肉を炒める。ひき肉に火が通ったらカレー粉を加え、さらに1分炒める。小麦粉も加えて炒めたら、少しずつ牛乳を加えて混ぜながら煮る。とろみがついたら塩、こしょう、しょうゆで味を調える。

❸耐熱皿にかぼちゃを敷いて②をかけ、ピザ用チーズとパン粉ものせて200℃のオーブンで10分焼く。

たっぷりのだし汁に豆乳を合わせた鍋。豆の甘みがほんのり広がるスープはとてもまろやかで、肉や野菜がどんどんすすみます。このスープは、うどんやにゅうめんのおつゆにしても美味しいですよ。鍋の日はそれだけでも充分ですが、浅漬けや黒豆など、味や食感の異なる箸休めがちょこっとあるとうれしいもの。鍋の味わいもグンと引き立ててくれます。

黒豆のワイン煮

1. 豆乳鍋

アレンジレシピ P.76-77

材料（2人分）

A　だし汁　700cc
　無調整豆乳　200cc
　みりん　50cc
　うす口しょうゆ　50cc
　重曹　小さじ1

- 豚肉しゃぶしゃぶ用　250g
- 豆腐　1丁
- 白ねぎ　適量
- しめじ　適量
- レタス　適量
- 水菜　適量
- ポン酢　適宜
- ゆずこしょう　適宜
- ひやむぎ（かたゆで）　適宜

[作り方]

❶鍋にAを合わせておく。

❷豆腐は8つに切る。白ねぎはななめ薄切りにする。しめじは小房に分ける。レタスは食べやすい大きさに手でちぎる。水菜は10cm長さに切る。

❸①に豆腐、白ねぎ、しめじを入れ火にかける。煮立ったら（吹きこぼれやすいので注意する）残りの具材も加えてさっと煮る。お好みでポン酢やゆずこしょうを添える。

❹具材に火が通ったら、スープごと取り分けながらいただく。最後にひやむぎを入れても美味しい。

point!

重曹を加えると、豆乳が分離しにくくなる。具材はさっと火が通るように薄切りか小さめに切っておき、豆乳が吹きこぼれないうちに煮えるようにする。

2. 黒豆のワイン煮

材料（作りやすい分量）

- 黒豆　250g
- さとう　大さじ9
- 塩　ひとつまみ
- 赤ワイン　150cc

[作り方]

❶黒豆は洗って鍋に入れ、2ℓの水（分量外）に一晩つけておく。

❷つけ汁ごと火にかけて、煮立ったらアクを取る。落とし蓋と鍋蓋をして、やわらかくなるまで弱火で煮る（吹きこぼれるようなら、鍋蓋を少し開けておく）。

❸ゆで汁は300cc取り分けておき、黒豆はざるに上げる。鍋に戻し、取り分けておいたゆで汁、さとう、塩を加えて中火にかける。さとうが溶けたら赤ワインを加え、煮立ったら火を止め、そのまま1日以上おいて味をなじませる。

保存方法	スープは冷蔵で約5日間

point!

アルコールをとばしたい時は、ワインを加えてしばらく煮てから火をとめる。

3. セロリのレモン浅漬け

材料（作りやすい分量）

- セロリ　1本

A　レモン汁　大さじ1
　うす口しょうゆ　小さじ1
　さとう　小さじ1
　昆布茶　少々

[作り方]

❶セロリは5mm幅のななめ切りにする。

❷ボウルにAを合わせてセロリを入れて和え、時々かき混ぜながら冷蔵庫で30分以上おく。

豆乳鍋

トマト × みその名コンビ!
具材を加えていくと、
うま味がどんどんアップします。

トマトみそ鍋

材料 (2人分)

- トマト缶(ホール)　1缶(240g)
- 鶏もも肉　適量
- ウインナー　適量
- たまねぎ(※スープ用)　小1/2個分(100g)
- 厚揚げ　適量
- まいたけ　適量
- キャベツ　適量
- たまねぎ(※具材用)　適量
- チンゲン菜　適量

A
だし汁　800cc
みりん　大さじ2
しょうゆ　大さじ2
みそ　大さじ4
ケチャップ　大さじ2
塩　少々

[作り方]

❶スープ用のたまねぎはみじん切りにする。

❷鶏肉は一口大に切る。厚揚げはさっと熱湯にくぐらせて油抜きをしたら一口大に切る。まいたけはほぐしておく。キャベツはざく切りにする。具材用のたまねぎは縦半分に切ってから繊維に直角に1cm幅に切る。チンゲン菜は芯を切り落とし、ほぐしておく。

❸鍋にオリーブ油大さじ2(分量外)を熱し、①をしんなりするまで中火で炒める。トマトをつぶしながら加え、1分煮たらAも加えて一煮立ちさせる。

❹③にウインナー、②の煮えにくいものから加えていく。具材に火が通ったら、スープごと取り分けながらいただく。

保存方法　スープは冷蔵で約5日

point!
シメはフジッリ(パスタ)&チーズを。
卵を落とし、スープにして
パンと合わせても美味しい。

アレンジ
レシピ

鍋

塩しょうが鍋

材料 (2人分)

- 鶏ひき肉　200g
- 白ねぎ(※鶏だんご用)　5cm

- 白菜　適量
- 白ねぎ(※具材用)　適量
- 太もやし　適量
- ニラ　適量
- しめじ　適量
- 油揚げ　適量
- 木綿豆腐　適量

A
酒　小さじ2
塩・こしょう　各少々
片栗粉　小さじ1

B
水　800cc
酒　100cc
鶏がらスープの素　大さじ1と1/2
塩　小さじ1
さとう　小さじ2
うす口しょうゆ　小さじ1
おろししょうが　大さじ2
ごま油　大さじ1

[作り方]

❶ボウルにひき肉、みじん切りにした鶏だんご用の白ねぎ、Aを入れて混ぜる。

❷白菜は2cm幅のざく切りにして芯と葉に分けておく。具材用の白ねぎはななめ薄切りする。太もやしは洗ってざるに上げ、水気を切っておく。ニラは10cm長さに切る。しめじは小房に分けておく。油揚げは2cm幅に切る。豆腐は8つに切る。

❸鍋にBを合わせて入れ、白菜の芯と具材用白ねぎを入れて火にかけ、煮立ったら弱火にする。

❹③に①をスプーンで一口大に丸めて入れる。鶏だんごに火が通ったら、その他の具材も煮えにくいものから入れていく。具材に火が通ったら、スープごと取り分けながらいただく。

保存方法　スープは冷蔵で約5日

Point!
シメに中華麺を入れるのもおすすめ。

六甲かもめ食堂の おそうざい

かもめ食堂には、まだまだおそうざいメニューがたくさんあります。定食の一品になることもあれば、お持ち帰り用としてケースに並ぶことも。ここからは、献立に取り入れやすいように、お肉やお魚の料理、煮物、サラダなどに分けて紹介します。晩ごはんのおかずにもう一品加えたい時、組み合わせに変化をつけたい時、お助けメニューになればうれしいです！

毎日の献立に
お役立てください。

鶏のおそうざい

豆腐入り肉団子の甘酢

あっさりとした
ふわふわ肉団子です。

材料（2人分）

- 鶏ひき肉　150g
- 木綿豆腐　1/4丁
- たまねぎ　中1/4個（60g）
- にんじん　小1/3本（50g）
- ごま油　少々
- 揚げ油　適量

A
溶き卵　1/4個分
パン粉　1/4カップ
塩・こしょう　各少々

B
水　150cc
しょうゆ　大さじ2
さとう　大さじ2
酢　大さじ2
片栗粉　大さじ1弱

Point!

つなぎにパン粉を使うことで、
ふわっとした食感の肉団子になる。

［ 作り方 ］

❶豆腐はキッチンペーパーで包み、重石などをしてしっかり水を切っておく。たまねぎはみじん切りにし、サラダ油少々（分量外）でさっと炒めたら冷ましておく。

❷にんじんは5mm幅の輪切りにする。

❸ボウルにAとひき肉、①のたまねぎ、豆腐をくずしながら加えてしっかりと混ぜ、一口大に丸めておく。

❹油を160℃に熱し、②を火が通るまで素揚げしたら、取り出しておく。次に③を入れ、転がしながら5分ほど、きつね色になるまで揚げる。

❺鍋にBを入れ、混ぜながら強火にかける。とろみがついて煮立ったら、火を消してごま油を加え、④を加えて絡める。

鶏のピリ辛フライ

材料（2人分）

- 鶏もも肉　大1枚（300g）
- 塩・こしょう　各少々

A　マヨネーズ　大さじ3
　豆板醤　小さじ2
　一味とうがらし　小さじ1/2

- パン粉　適量
- 揚げ油　適量

［ 作り方 ］

❶鶏肉は一口大に切って塩、こしょうをふる。Aをもみ込み、冷蔵庫で30分〜一晩おいてなじませる。

❷①にパン粉をまぶして160℃に熱した油に入れ、表面がかたまってきたら返し、弱火にして5分、強火にして1〜2分、何度か返しながらからりと揚げる。

point!

マヨネーズをもみ込んでおくと、鶏肉がしっとりとやわらかくなる。

鶏となすのチリソース

材料（2人分）

- 鶏もも肉　1枚（200g）
- なす　1本　• ピーマン　2個

A　塩・こしょう・酒　各少々

B　しょうが（みじん切り）　小さじ1
　たまねぎ（みじん切り）　大さじ1
　豆板醤　小さじ1

C　水　200cc　酒　大さじ1
　さとう　小さじ1と1/3
　しょうゆ　大さじ2/3
　酢　大さじ2/3
　ケチャップ　大さじ4（60g）
　鶏がらスープの素　小さじ1と1/3

- ごま油、揚げ油　各適量

［ 作り方 ］

❶なすは乱切りに、ピーマンは2cm角くらいの乱切りにして、それぞれさっと素揚げしておく。

❷鶏肉は一口大に切ってAをもみ込む。小麦粉（分量外）をまぶして160℃に熱した油に入れ、表面がかたまってきたら返し、弱火にして5分、強火にして1〜2分、何度か返しながらからりと揚げる。

❸中華鍋にサラダ油大さじ1（分量外）とBを入れ、弱火でじっくり炒める。香りが立ったらCを加えて強火にし、煮立ったら弱火にして水溶き片栗粉少々（分量外）でとろみをつける。

❹①、②を入れて絡めたら、仕上げに強火にしてごま油を加え、さっと一混ぜして火を止める。

point!

鶏肉のかわりに、えびや魚でも美味しい。
野菜は季節のものを合わせても。

手羽元のマーマレード煮

材料（6本分）

- 鶏手羽元　6本
- にんにく　1かけ

A　マーマレード　80g
しょうゆ　大さじ2
水　1/4カップ

[作り方]

❶にんにくは半分に切ってから芯を取る。

❷蓋がきっちりしまる鍋に手羽元を並べ、にんにく、Aを加えて強火にかける。煮立ったら一混ぜし、蓋をして弱火で15分煮る（途中で何度か混ぜる）。

point!

マーマレードを加えると、
肉がやわらかく仕上がり、
風味も豊かになる。

保存方法　**冷蔵で約2日間**
※煮こごるので、食べる前に温める

しょうがと大葉を
先に炒めることで、
香り高いタレに。

手羽元のしそみそ焼き

point!

手羽元は味がなじみにくいので、
はじめに塩、こしょう、酒の下味をもみこんでおき、
味がぼやけないようにする。

材料（6本分）

- 鶏手羽元　6本
- 大葉　5枚
- おろししょうが　小さじ1/2

A　塩・こしょう・酒　各少々

B（タレ）
みそ　大さじ2と1/2
酒　大さじ1
さとう　大さじ1
白ごま　大さじ1

- マヨネーズ　大さじ1

[作り方]

❶ビニール袋に手羽元を入れ、Aをもみ込んで20〜30分おく。

❷大葉はせん切りにする。

❸小鍋にごま油大さじ1（分量外）を熱し、大葉としょうがを中火で炒める。Bを加えて煮立ったら火を止めて冷まし、マヨネーズを加える。

❹①に③を加えてもみ込み、冷蔵庫で1時間〜一晩おいてなじませる。

❺耐熱皿にクッキングシートを敷いてタレごと④を並べ、180℃のオーブンで20〜25分焼く。

手羽先のゆずこしょう焼き

材料（6本分）

- 鶏手羽先　6本
- 塩・こしょう　各適量

A ゆずこしょう
　小さじ1/2〜小さじ1
　サラダ油　大さじ1

[作り方]

❶バットに手羽先を並べ、塩、こしょうをしっかりふる。Aを加えて手羽先全体によくなじませたら、冷蔵庫で1時間〜一晩おく。

❷耐熱皿にクッキングシートを敷いて①を並べ、200℃のオーブンで20〜25分焼く。

point!

ゆずこしょうの量はお好みで。
はじめにしっかり塩、こしょうをして、味をつけておく。

ふわふわ巾着煮

保存方法　煮汁ごと冷蔵で約3日間

point!

油揚げが主役になる料理なので、
油抜きはていねいに。

材料（5個分）

- すし揚げ　5枚

A 鶏ひき肉　50g
　木綿豆腐　1/2丁
　ひじき　大さじ1（4g）
　にんじん　3cm（50g）
　青ねぎ（小口切り）　2〜3本
　卵　1個
　塩　少々
　片栗粉　大さじ1

B だし汁　400cc
　さとう　大さじ3と1/2

C 酒　大さじ1
　しょうゆ　大さじ2

[作り方]

❶すし揚げは上端に切り目を入れて開き、袋にする。熱湯で2〜3分ゆで、油抜きをしてから水に取り、冷めたら手の平ではさんで水気を絞る。

❷豆腐は軽く水を切っておく。ひじきは戻してよく洗い、水気を絞っておく。にんじんはみじん切りにする。

❸ボウルにAの材料をすべて入れ、豆腐をくずしながら加えてよく混ぜる。

❹①に③を5等分ずつ詰め、口をようじで縫うようにしてとめる。

❺鍋にBを煮立てて④を並べ、落とし蓋をして中火で5分煮る。Cを加え、さらに落とし蓋をして弱火で20分煮る。

豚のおそうざい

ロール白菜

材料（2人分）

- 豚ひき肉　150g
- 白菜　大4枚
- たまねぎ　中1/4個（50g）
- 塩・こしょう・ナツメグ　各少々
- トマト缶（ホール）1/2缶
- パセリ（みじん切り）　適量

A　たまねぎ　中1/4個分（60g）
　溶き卵　1/3個分
　パン粉　大さじ2

B　ケチャップ　大さじ1と1/2
　コンソメ（粉末）　大さじ1
　水　150cc

［ 作り方 ］

❶白菜は塩ゆでして（葉を手で持って芯の方から湯に入れ、30秒ほどゆでたら葉の方も湯に入れてさっとゆでる）ざるに上げ、広げて冷ましておく。たまねぎは横半分に切ってから薄切りにする。

❷Aのたまねぎはみじん切りにし、サラダ油少々（分量外）でさっと炒めたら冷ましておく。ボウルにひき肉、塩、こしょう、ナツメグを入れてよく練り、さらにAも加えて練ったら4等分にして丸めておく。

❸①の白菜の芯の部分を巻きやすいように少しそいでおく。そぎ落とした部分も煮込むので、食べやすいように切る。芯の方に②を1つずつのせ、一巻きしたら左右の葉を折りたたんで葉先まで巻く。巻き終わりをようじで縫うようにしてとめる。

❹鍋にオリーブ油少々（分量外）を熱し、①のたまねぎを中火で炒める。しんなりしたらトマトを加え、つぶしながら少し煮る。そぎ落とした白菜の芯とBを加えて強火にし、煮立ったら③をようじを刺した方を上にして並べ入れ、落とし蓋と鍋蓋をして弱火で30分煮る。塩、こしょう少々（ともに分量外）をして味を調える。

❺ようじをはずして煮汁ごと器に盛り、パセリを添える。

point!

白菜の葉が小さい場合は、肉団子を小さく丸めるか、葉を2枚つなぐように重ねて包む。
キャベツで作る場合はBの水を200ccに増やすとよい。

保存方法	冷蔵で約3日間

大葉とチーズの豚カツ

材料（2人分）

- 豚ロース薄切り肉　10枚（200g）
- 大葉　4枚
- スライスチーズ　2枚
- 塩・こしょう　各少々

衣
小麦粉・溶き卵・パン粉　各適量

- レモン（くし切り）　適量
- 揚げ油　適量

［ 作り方 ］

❶大葉、チーズはそれぞれ半分に切る。

❷豚肉を1枚広げ、軽く塩、こしょうする。大葉とチーズを1/2枚ずつ重ねたら、上に豚肉を1枚のせる。再び軽く塩、こしょうし、大葉を1/2枚だけのせる。これを2回繰り返し、最後に豚肉を1枚のせる。

❸②をもう1つ作り、それぞれに小麦粉、溶き卵、パン粉の順に衣をつけて160℃の油で返しながら4～5分揚げる。食べやすく切って器に盛り、レモンを添える。

point!

チーズに塩分があるので、塩、こしょうは軽く。
豚肉が小さい場合は、少し引っ張りながらのばし、
豚肉からチーズがはみ出ないように重ねる。

しいたけの肉詰めフライ

材料（2人分）

- 豚ひき肉　100g
- しいたけ　4～6個
- たまねぎ　大1/8個（40g）

A　溶き卵　1/4個分
　　パン粉　大さじ　1と1/2

- 塩・こしょう・ナツメグ　各少々

衣
小麦粉・溶き卵・パン粉　各適量

- ポン酢　適量
- 揚げ油　適量

［ 作り方 ］

❶しいたけは軸を取り、軸はみじん切りにする。

❷たまねぎはみじん切りにし、サラダ油少々（分量外）でさっと炒めたら冷ましておく。

❸ひき肉に塩、こしょう、ナツメグを入れてよく練り、さらに②、A、しいたけの軸を入れてよく練ったら、4～6等分して丸めておく。

❹しいたけの裏側に小麦粉（分量外）をうすくまぶす。③を1つずつのせ、詰めるようにして形を整える。

❺④に小麦粉、溶き卵、パン粉の順に衣をつけ、160℃に熱した油に入れる。表面がかたまってきたら返し、弱火にして5分、強火にして1～2分、何度か返しながらからりと揚げる。

❻器に盛り、ポン酢を添える。

point!

和風おろしハンバーグのソース（P.17参照）を
合わせるのもおすすめ。

魚のおそうざい

鮭の土佐酢マリネ

材料 (2人分)

- 生鮭　4切れ
- たまねぎ　大1/2個(160g)
- にんじん　1/4本(50g)
- ピーマン　1個
- 赤ピーマン　1/2個
- 塩・こしょう　各少々
- 揚げ油　適量

A
- だし汁　200cc
- レモン汁　大さじ2
- さとう　大さじ6
- うす口しょうゆ　大さじ6
- 酢　大さじ6
- 塩　少々

保存方法　冷蔵で約5日間

point!

揚げたての鮭にたまねぎとにんじんをのせておくと、余熱でしんなりとなってマリネ液もよくなじむ。

[作り方]

❶保存容器にAを合わせておく。

❷鮭は1切れを4〜5つに切って塩、こしょうをし、小麦粉(分量外)をまぶして20〜30分おく。

❸たまねぎは横半分に切ってから薄切りにする。にんじん、ピーマン、赤ピーマンは細切りにする。

❹160℃に熱した油で②を1〜2分揚げ、よく油を切ってから手早く①のマリネ液にひたす。鮭が熱いうちに、たまねぎ、にんじんをのせてひたす。冷めたら、ピーマン、赤ピーマンも加え、2〜3時間以上ひたしておく。

カレイのからあげ

材料（2人分）

- カレイ　2切れ
- 塩・こしょう　各少々
- 大根　4cm（160g）
- 青ねぎ（小口切り）　適量

A　ポン酢　大さじ2
　　さとう　小さじ1

- 揚げ油　適量

［ 作り方 ］

❶カレイは水気を拭き、軽く塩、こしょうをして片栗粉（分量外）をまぶし、20〜30分おく。

❷大根はおろして軽く水気を絞る。

❸耐熱容器にAを合わせ、レンジで20〜30秒温めてさとうを溶かしておく。

❹170℃に熱した油に①を入れ、5分ほど何度か返しながらからりと揚げる。器に盛って大根おろしをのせ、③をかけて青ねぎをちらす。

point!

小さめのカレイ2尾でつくってもよい。
タレにはちょっぴり甘めのポン酢が合う。

鮭マヨ

材料（2人分）

- 生鮭　2切れ
- たまねぎ　小1/4個（50g）
- ブロッコリー　1/4株
- 塩・こしょう　各少々

A　マヨネーズ　大さじ6
　　ケチャップ　大さじ1
　　さとう　大さじ1
　　しょうゆ　小さじ1/4
　　レモン汁　小さじ1

- 揚げ油　適量

［ 作り方 ］

❶ボウルにAを合わせておく。

❷鮭は1切れを4〜5つに切って、塩、こしょうをふり、片栗粉（分量外）をまぶして20〜30分おく。

❸たまねぎはくし形に切る。ブロッコリーは小房に切り分けておく。

❹160℃に熱した油でたまねぎ、ブロッコリーをさっと素揚げする。②の鮭も1〜2分揚げる。

❺④の油をよく切ってから熱いうちに①に加え、つぶさないようにやさしく和える。

point!

鮭が熱いうちに調味料をなじませる。
鶏肉やえびで作っても美味しい。

さわらのおろし煮

材料（2人分）

- さわら　2切れ
- 塩　少々
- 大根　4cm（160g）
- 青ねぎ（小口切り）　少々

A だし汁　150cc
　しょうゆ　大さじ1
　酒　大さじ1/2
　みりん　大さじ1/2
　さとう　小さじ1

- 揚げ油　適量

［ 作り方 ］

❶さわらは塩をふって10分おく。水気を拭いて片栗粉（分量外）をまぶし、160℃の油で3〜4分からりと揚げる。

❷大根はおろしてざるに入れ、軽く洗って水気を切る。

❸鍋にAを煮立てて①を入れ、弱火で5分煮る。②の大根おろしも加えてさっと煮たら、器に盛って青ねぎをちらす。

point!

たっぷりの煮汁なので、
蓋をしないで汁を吸わせながら煮る。

さわらの野菜あんかけ

材料（2人分）

- さわら　2切れ

A 酒　大さじ1/2
　しょうゆ　大さじ1/2

- たまねぎ　中1/2個（100g）
- にんじん　少々（30g）
- しいたけ　1枚
- 青ねぎ（ななめ細切り）　少々

B だし汁　100cc
　さとう　大さじ1/2
　酒　大さじ1
　しょうゆ　大さじ1/2
　塩　小さじ1/6

- 揚げ油　適量

［ 作り方 ］

❶さわらは骨を取り、1切れを4つに切ってAで下味をつけておく。

❷たまねぎは薄切り、にんじんはせん切り、しいたけは軸ごと薄切りにする。

❸鍋にBを煮立てて②を入れ、蓋をして中火で3分ほど煮る。野菜が煮えたら弱火にして水溶き片栗粉（分量外）でとろみをつける。仕上げに強火にし、ふつふつとなったら火を止める。

❹①の汁気を切り、片栗粉（分量外）をまぶして20〜30分おく。160℃の油で1〜2分からりと揚げたら器に盛り、③をかけて青ねぎをちらす。

すっきりとしたあんは、
お酒とも好相性。
ごはんや豆腐にかけても
美味しいですよ。

いわしのごまみそはさみ焼き

材料（2人分）

- いわし　4尾
- 大葉　2枚

A　白ごま　大さじ2
　白みそ　大さじ1
　さとう　大さじ1/2
　みりん　小さじ1/2
　おろししょうが　少々

［ 作り方 ］

❶Aは合わせておく。

❷いわしは内臓を取って手開きし、水気を拭いておく。大葉は半分に切る。

❸いわしの皮を下にして広げ、真ん中にAを1/4ずつのせる。その上に大葉を1/2枚ずつのせて半分に折りたたむ。

❹③の全体に小麦粉（分量外）を薄くまぶし、サラダ油少々（分量外）を熱したフライパンで焼く。底面がこんがり色づいたらひっくり返し、蓋をして弱火で3～4分焼く。

point!

焼いている途中で
調味料が流れ出ないように、
いわしの両脇にも小麦粉をまぶしておく。

炒めたまねぎの甘みも加わり、
いわしとは思えない
親しみやすい味に。

いわしのメンチカツ

材料（2人分）

- いわし　4尾
- 木綿豆腐　1/5丁
- たまねぎ　大1/5個（60g）

A　溶き卵　1/2個分
　パン粉　1/4カップ
　塩・こしょう　各少々
　ナツメグ　少々

衣
小麦粉・溶き卵・パン粉　各適量

- レタス　適量
- 揚げ油　適量

［ 作り方 ］

❶いわしは内臓を取って手開きし、よく水気を拭いて骨ごと小さく切る。

❷豆腐はキッチンペーパーで包み、重石などをしてしっかり水を切っておく。

❸たまねぎはみじん切りにし、サラダ油少々（分量外）でさっと炒めたら冷ましておく。

❹①をフードプロセッサーにかけて、なめらかになったらボウルに移す。次に②もかけてボウルに加える。

❺④に③、Aを加えてよく練り、4等分にして小判形に丸める。小麦粉、溶き卵、パン粉の順に衣をつけ、160℃に熱した油に入れて転がしながら5～6分揚げる。

❻器にレタスを敷き、盛りつける。

point!

豆腐とパン粉でふわっとやわらかな食感に。
水分が多くて丸めにくい時は、
冷蔵庫でしばらく冷やしておくと丸めやすい。

煮もの

なすとトマトのそぼろ煮

材料（2人分）

- なす　3本
- トマト　中1個（200g）
- 鶏ひき肉　100g
- 酒　大さじ1
- ゆで枝豆（実）　大さじ2
- おろししょうが　小さじ1/2

A みりん　大さじ2
しょうゆ　大さじ2
さとう　小さじ2

［ 作り方 ］

❶なすは縦半分に切り、皮目にななめに細い切り目を入れて3つに切る。塩水に5分さらしたらざるに上げ、水気を切っておく。

❷トマトは湯むきして、くし形に切っておく。

❸鍋にひき肉、酒を入れて中火にかけ、ひき肉がポロポロになるように火が通るまで炒る。水150ccを加えて強火にし、煮立ったらアクを取る。A、①を加えて一混ぜし、落とし蓋と鍋蓋をして、なすがやわらかくなるまで中火で煮る。

❹トマト、枝豆、しょうがを加え、弱火にして水溶き片栗粉（分量外）でとろみをつける。仕上げに強火にし、ふつふつとなったら火を止める。

保存方法　冷蔵で約2日間

Point!

なすを塩水にさらして
アク抜きをしておくと、
色鮮やかに仕上がる。

若竹煮

材料（作りやすい分量）

- ゆでたけのこ　1本（200g）
- 塩蔵わかめ　20g

A　だし汁　500cc
　みりん　大さじ2
　うす口しょうゆ　大さじ2

- かつお節　1パック（3g）

［ 作り方 ］

❶たけのこは食べやすい大きさに切る。

❷わかめは水で戻し、食べやすく切っておく。

❸鍋にA、①を入れ、キッチンペーパーでかつお節を包んで①にのせ、火にかける。煮立ったら弱火にし、10分煮て火を止める。鍋ごと冷ましてから、かつお節を取り出す。

❹③を再び火にかけ、煮立ったら②を加えてさっと煮る。

保存方法　**冷蔵で約3日間**
※わかめは除く

point!

かつお節は落とし蓋のかわりにも。
一旦冷ましてたけのこに味をなじませてから、
わかめを加えて仕上げる。

豆腐、レタス、トマトのオイスターソース煮

材料（作りやすい分量）

- 木綿豆腐　1/2丁
- レタス　1/2個（150g）
- トマト　中1個（200g）
- しょうが　1/2かけ

A　水　100cc
　鶏がらスープの素　小さじ1
　酒　大さじ1
　オイスターソース　大さじ1
　しょうゆ　大さじ1/2

- ごま油　小さじ1/2

［ 作り方 ］

❶豆腐は一口大に切って水気を拭き、片栗粉（分量外）をまぶす。フライパンにサラダ油大さじ1（分量外）を熱し、両面をこんがり焼いて取り出しておく。

❷レタスは大きくちぎる。トマトは湯むきしてくし形に切る。しょうがはせん切りにする。

❸フライパンをきれいにしてサラダ油大さじ1（分量外）を熱し、しょうがを炒める。香りが立ったらレタスと塩ひとつまみ（分量外）を加えて強火で炒め、しんなりしたらA、①、トマトを加えて蓋をし、弱火で2～3分煮る。水溶き片栗粉（分量外）でとろみをつけ、ごま油を加えて一混ぜする。仕上げに強火にし、ふつふつとなったら火を止める。

point!

豆腐に片栗粉をまぶして焼くことで、
衣に味がしみて美味しくなり、
煮くずれもしにくい。

鶏と大根の甘酢煮

材料（作りやすい分量）

- 鶏むね肉　1枚（200g）
- 大根　8cm（320g）
- 青ねぎ（小口切り）　適量

A 酒　大さじ1
　塩　少々

B 水　100cc
　さとう　大さじ1
　みりん　大さじ1
　しょうゆ　大さじ2
　酢　大さじ2

［ 作り方 ］

❶鶏肉は一口大のそぎ切りにして、Aをもみ込んでおく。

❷大根は1cm幅のいちょう切りにして、竹串がすっと通るくらいまで下ゆでしておく。

❸①の汁気を切って片栗粉（分量外）を薄くまぶし、鍋にサラダ油少々（分量外）を熱して両面をこんがり焼く。B、②を加え、時々混ぜながら中火で5～6分煮る。器に盛って青ねぎをちらす。

point!

鶏肉にまぶした片栗粉で、
煮汁にほどよくとろみがつく。

切り干し大根とさつまいもの煮物

材料（2人分）

- 切り干し大根　50g
- さつまいも　中1本（200g）
- にんじん　1/4本（50g）
- 油揚げ　1枚

A だし汁　400cc
　酒　大さじ1
　さとう　大さじ1
　みりん　大さじ2
　しょうゆ　大さじ2

［ 作り方 ］

❶切り干し大根は水につけ、しんなりしたら一旦水を切り、塩小さじ1（分量外）をまぶしてしっかりもむ。塩を洗い流し、再び水に30分つける。絞って水を切り、長ければ2～3等分に切る。

❷さつまいもは皮ごと1cm幅のいちょう切りにし、水にさらしたら水気を切っておく。

❸にんじんは5mm角の棒状に切る。油揚げは横半分に切ってから1cm幅に切る。

❹鍋に①を入れてかぶるくらいの水を加え、蓋をして火にかける。煮立ったら弱火にして5分ゆでる。ざるに上げ、ざると同じ大きさのボウルで押してしっかり水を切る。

❺鍋に③、④、Aを入れ、蓋をして10分煮る。②を加えて一混ぜし、再び蓋をして弱火で5～10分煮る。

保存方法	冷蔵で約3日間

point!

切り干し大根は塩でもんで下ゆでしておくと、
繊維がやわらかくなり味がしみ込みやすくなる。

豆腐を加えて、
手軽にボリュームアップ。

かぶと豆腐のそぼろ煮

材料（作りやすい分量）

- かぶ　2個（300g）
- かぶの葉　適量
- 木綿豆腐　1/2丁
- 鶏ひき肉　100g

A しょうが（みじん切り）　1/2かけ分
たかのつめ（小口切り）　1/2本分

B 酒　大さじ1
みりん　大さじ1
しょうゆ　大さじ1と1/2

［ 作り方 ］

❶豆腐は一口大に切り、軽く水気を切っておく。かぶは大きめの一口大に切る。かぶの葉は小口切りにする。
❷鍋にごま油大さじ1/2（分量外）を熱し、中火でひき肉を炒める。火が通ったらAを加えて炒め、さらにBも加えて少し煮詰める。
❸②に水100cc（分量外）、①の豆腐とかぶを加えて一混ぜし、落とし蓋と鍋蓋をして弱火で8～10分蒸し煮にする。かぶがやわらかくなったら、かぶの葉を加えてさっと煮る。水溶き片栗粉（分量外）でとろみをつけ、仕上げに強火にしてふつふつとなったら火を止める。

保存方法	冷蔵で約2日間

point!

かぶがやわらかくなると
混ぜにくいので、
はじめに一混ぜしておく。

厚揚げと万願寺とうがらしの甘辛

材料（作りやすい分量）

- 牛こま切れ肉　100g
- 万願寺とうがらし　5本（100g）
- 厚揚げ　大1枚（200g）
- さとう　大さじ2
- 酒　大さじ　2
- しょうゆ　大さじ2

［ 作り方 ］

❶万願寺とうがらしはヘタを取り、3〜4つに切る。厚揚げは熱湯にくぐらせて油抜きをして一口大に切る。

❷鍋に牛肉を入れ、さとうをふりかけて中火にかける。ジャーっと焼けてくる音がしたら酒を加え、煮立ったら牛肉によく絡ませる。しょうゆも加えて絡ませる。

❸牛肉にだいたい火が通ったら、①を加えて一混ぜし、蓋をして弱火で10分煮る（途中で何度か上下を返すように混ぜる）。

保存方法　冷蔵で約3日間

point!

牛肉にさとうをふりかけておくと、加熱しても肉がかたくなりにくい。

とうがんと小松菜のツナみそ煮

材料（作りやすい分量）

- とうがん　1/6個（正味300g）
- 小松菜　1/2束（150g）
- 木綿豆腐　1/2丁
- ツナ缶　小1缶

A　だし汁　100cc
　酒　大さじ3
　みそ　大さじ2

［ 作り方 ］

❶とうがんは2cm角に切る。小松菜は3cm長さに切る。豆腐は軽く水気を切っておく。

❷鍋にサラダ油大さじ1（分量外）を熱し、とうがんを炒める。油がまわったらAを加え、蓋をして弱火で10分煮る。

❸ツナは缶汁ごと、豆腐はちぎって加え、強火にする。煮立ったら、蓋をして弱火でさらに15分煮る（途中で軽く混ぜる）。小松菜を加え、強火にしてさっと煮る。

保存方法　冷蔵で約3日間

point!

煮汁が少ないので焦げつかないように注意する。
小松菜を加える際に煮汁が少ないようなら、
蓋をして蒸し煮にしてもよい。

じゃがいもと水菜のさっと煮

材料（2人分）

- じゃがいも　大1個（125g）
- 水菜　1/2束
- 油揚げ　1/2枚

A　だし汁　200cc
　みりん　大さじ2
　しょうゆ　大さじ1と1/2

［ 作り方 ］

❶じゃがいもは細切りにして水にさらし、ざるに上げて水気を切っておく。油揚げは横半分に切ってから1cm幅に切る。

❷水菜は3cm長さに切る。

⓭鍋にAを煮立て、①を入れて中火にする。3分煮たら、②も加えて一混ぜし、さっと煮る。

やわらかく
なり過ぎないように、
ささっと仕上げて。

保存方法　冷蔵で約3日間

point!

じゃがいもは水にさらして
でんぷん質を落としておくと、
さらっとした舌触りになる。

ズッキーニと豆腐の中華風旨煮

材料（2人分）

- ズッキーニ　大1/2本（150g）
- 木綿豆腐　1/2丁
- かに身　50g
- 塩・こしょう　各少々
- おろししょうが　小さじ1/2

A　鶏がらスープの素　小さじ1と1/2
　水　100cc

水溶き片栗粉
　片栗粉　小さじ1
　水　小さじ1

- ごま油　小さじ1/2

［ 作り方 ］

❶ズッキーニは5mm幅の半月切りにする。豆腐は軽く水切りして一口大に切る。

❷フライパンにサラダ油大さじ1（分量外）を熱し、ズッキーニを炒める。油がまわったら塩をふって弱火でじっくりと炒め、しんなりしたらこしょうをふる。

❸豆腐、かに身、しょうが、Aを加えて軽く混ぜ、煮立ったら弱火にして水溶き片栗粉でとろみをつける。仕上げに強火にしてふつふつとしたら、ごま油を加えて火を止める。

point!

ズッキーニに塩をして
弱火で炒めると、甘みが出てくる。
仕上げのごま油は香りづけに。

サラダ

少しのマヨネーズを
加えることで、
クセになるまろやかな
サラダソースに。

なすとトマトの甘酢マヨサラダ

材料（2人分）

- なす　2本
- トマト　小1個(150g)
- きゅうり　1本
- 大葉(みじん切り)　2枚
- しょうが(みじん切り)　小さじ1/2

A　マヨネーズ　大さじ1/2
　豆板醤　小さじ1/4
　さとう　大さじ1と1/2
　酢　大さじ1と1/2
　うす口しょうゆ　大さじ1と1/2

- 揚げ油　適量

[作り方]

❶なすは縦半分に切り、皮目にななめに細い切り目を入れる。切り目とは逆の方向に幅2cmの斜め切りにする。180℃の油でさっと素揚げして冷ましておく。

❷トマトはざく切り、きゅうりはたたいて乱切りにする。

❸ボウルにAを合わせ、大葉としょうがを加えて混ぜる。

❹①、②を③に入れて和える。

なすの明太和え

材料（2人分）

- なす　2本
- ゆで枝豆（実）　大さじ2
- 明太子　1腹

A　マヨネーズ　大さじ1と1/2
　酢　小さじ1
　しょうゆ　小さじ1/2

- 揚げ油　適量

［ 作り方 ］

❶なすは乱切りにして180℃の油でさっと素揚げして冷ましておく。

❷ボウルにAを合わせ、明太子もほぐしながら加えて混ぜる。

❸②に①、枝豆を加えて和える。

焼きなすとみょうがのエスニックサラダ

材料（作りやすい分量）

- なす　3本
- みょうが　2個
- 赤たまねぎ　1/4個（50g）
- 干しえび　大さじ1（5g）
- 青ねぎ（小口切り）　少々

A　ナンプラー　大さじ1と1/2
　レモン汁　大さじ1と1/2
　さとう　大さじ1

［ 作り方 ］

❶なすはへたを落とし、先端からへたの方へ菜箸を刺して穴を開けておく。焼き網にのせて強火で転がしながら焼く。こんがり焼けたら冷まし、皮をむいて2～3つに切る。

❷みょうがはみじん切りにする。赤たまねぎは薄切りにして水にさらし、水気を切っておく。干しえびは湯に10分つけて戻し、水気を拭いてみじん切りにする。Aは合わせておく。

❸焼きなす、干しえび、みょうが、赤たまねぎの順に器に盛り、Aのタレをかけて青ねぎをちらす。

point!

焼きなすにする時は、
なすに穴を開けておくと火の通りが早くなる。
強火で全面をこんがり焼いておくと、
粗熱が取れてからでも皮が簡単にむける。

さつまいもと柿のサラダ

秋ならではの組み合わせ。
ヨーグルトの酸味で
柿の甘さが引き立ちます。

材料（作りやすい分量）

- さつまいも　中1本（200g）
- 柿　1個

A マヨネーズ　大さじ2
　ヨーグルト（無糖）　大さじ1
　レモン汁　大さじ1
　塩・こしょう　各少々

［ 作り方 ］

❶さつまいもは丸ごと蒸し器に入れ、やわらかくなるまで蒸す。粗熱が取れたら1cm幅のいちょう切りにして塩、こしょう少々（ともに分量外）をしておく。柿は5mm幅のいちょう切りにする。

❷ボウルにAを合わせ、①を入れて和える。

保存方法　冷蔵で約2日間

チキンサラダ

材料（2人分）

- 鶏もも肉　大1/2枚（150g）
- キャベツ　1/10個（120g）
- にんじん　3cm（30g）
- きゅうり　1/2本
- 赤たまねぎ　中1/4個（50g）

A みりん　大さじ1/2
　しょうゆ　大さじ1
　おろしにんにく　小さじ1/2

B マヨネーズ　大さじ3
　練りからし　小さじ1
　酢　小さじ2
　塩・こしょう　各少々

［ 作り方 ］

❶鶏肉は皮目にフォークで穴を開けてAをもみ込み、3時間～一晩おく。軽く汁気を切って耐熱皿にのせ、180℃のオーブンで20～25分焼く。冷めたら食べやすい大きさに切っておく。

❷キャベツは2cm幅、にんじんは短冊切り、きゅうりは縦半分に切ってからななめ薄切りにする。すべて合わせて塩少々（分量外）をまぶして5分おき、水気をしっかり絞る。

❸赤たまねぎは薄切りにして水に5分さらし、水気をよく切る。

❹ボウルにBを合わせ、①～③を入れて和える。

point!

鶏肉はオーブンで焼いて、皮はパリッと、
中はやわらかくジューシーに仕上げる。
焦げ目が気になる時は、
途中でアルミホイルをかぶせるとよい。

春雨サラダ

point!

春雨は余熱を利用して火を通し、
下味をしっかりなじませておく。

材料（2人分）

- 春雨　50g
- ハム　2枚
- 錦糸卵　1個分
- きゅうり　1/2本
- にんじん　少々（15g）
- キャベツ　1枚（50g）

A チキンコンソメ（粉末）　小さじ1/2
　さとう　小さじ1/2
　しょうゆ　小さじ1/2
　酢　大さじ1
　塩・こしょう　各少々
　サラダ油　小さじ1

- マヨネーズ　大さじ3～4

［ 作り方 ］

❶春雨は5分ほどゆでて火を消し、蓋をしてそのまま5分おく。ざるに上げ、水洗いして水気を切り、食べやすく切ってからAで下味をつけておく。

❷ハムは横半分に切ってから5mm幅に切る。

❸きゅうりは縦半分に切ってからななめ薄切り、にんじんはせん切り、キャベツは5mm幅の細切りにする。すべて合わせて塩少々（分量外）をまぶし、5分おいてしんなりしたら水気をよく絞る。

❹①に②、③、錦糸卵を加え、マヨネーズで和える。

かぼちゃとピーマンのカレーサラダ

材料（2人分）

- かぼちゃ　1/8個（200g）
- たまねぎ　中1/4個（50g）
- ピーマン　2個
- ベーコン　2枚

A マヨネーズ　大さじ3
　カレー粉　小さじ1
　オイスターソース　小さじ1/2
　酢　小さじ1
　しょうゆ　小さじ1

［ 作り方 ］

❶かぼちゃは2cm角に切る。たまねぎは横半分に切ってから薄切りにする。それぞれざるに入れて蒸し器でやわらかくなるまで蒸す。たまねぎはそのまま冷まし、かぼちゃは塩、こしょう少々（ともに分量外）をして冷ましておく。

❷ピーマンは2cm角に切る。ベーコンは1cm幅に切る。サラダ油少々（分量外）でピーマンとベーコンをさっと炒めたら、取り出して冷ましておく。

❸①、②をAで和える。

炒めもの

いかと野菜のコチュジャン炒め

いかのうま味が
野菜にじんわり。
ごはんによく合います。

材料（2人分）

- するめいか　1杯（20cm）
- たまねぎ　小1/2個（100g）
- にんじん　1/4本（50g）
- キャベツ　3枚（150g）
- ピーマン　2個
- 酒　大さじ1

A　コチュジャン　大さじ1
　酒　大さじ1
　さとう　大さじ1
　しょうゆ　大さじ1と1/2

［ 作り方 ］

❶いかは足を引っ張って内臓と軟骨を取り出し、きれいに洗って水気を切る。胴は1cmの輪切りにする。足は内臓から切り離して吸盤をしごき取るようにして洗い、水気を切って食べやすい大きさに切る。

❷たまねぎはくし形に切る。にんじんは薄い短冊切りにする。キャベツはざく切り、ピーマンは1cm幅に切る。

❸フライパンにサラダ油少々（分量外）を熱し、①をさっと炒めて酒をふり、取り出しておく。

❹フライパンをきれいにしてサラダ油大さじ1（分量外）を熱し、たまねぎ、にんじん、キャベツ、ピーマンの順に炒め、少ししんなりしたら③を戻し入れ、Aを絡める。弱火にして水溶き片栗粉（分量外）でとろみをつけ、仕上げに強火にして火を止める。

れんこんとひき肉のみそきんぴら

材料（作りやすい分量）

- 豚ひき肉　100g
- れんこん　大1節（200g）
- たまねぎ　小1/2（100g）
- にんじん　1/4本（50g）
- ピーマン　1個

A しょうが（みじん切り）　小さじ1
　たかのつめ（小口切り）　1本分

B みそ　大さじ2
　酒　大さじ1
　さとう　小さじ1
　しょうゆ　小さじ1

［ 作り方 ］

❶れんこんは薄い半月切りにして水にさらし、ざるに上げて水気を切っておく。

❷たまねぎ、にんじん、ピーマンは細切りにする。

❸フライパンにごま油大さじ1（分量外）、Aを入れて中火にかける。香りが立ったらひき肉を炒め、半分くらい火が通ったら、たまねぎ、にんじんを加えて炒める。少ししんなりしたら①を加え、少し火を強めて2〜3分炒める。仕上げにピーマン、Bを加え、強火にして全体を絡める。

保存方法　冷蔵で約2日間

point!

れんこんの歯応えが残るように、
炒めすぎないで仕上げる。

ゴーヤとさつまいもの中華風きんぴら

材料（作りやすい分量）

- ゴーヤ　1/2本
- さつまいも　大1/2本（150g）
- 豚ひき肉　50g
- マヨネーズ　大さじ1
- さとう　大さじ1/2

A 酒　大さじ1
　オイスターソース　大さじ1
　しょうゆ　大さじ1/2

［ 作り方 ］

❶ゴーヤは薄切りにして塩少々（分量外）をまぶし、しんなりしたら水洗いして塩を落とす。水気をよく絞ってごま油大さじ1/2（分量外）でさっと炒め、取り出しておく。

❷さつまいもは皮ごと5mm厚さの輪切り（太ければ半月切り）にし、水にさらしたらざるに上げる。

❸①のフライパンにマヨネーズを入れて熱し、溶け出したらひき肉を加え、中火で炒める。ひき肉に火が通ったら、さつまいもとさとうを加えてさらに炒める。さつまいもに火が通ったらゴーヤを戻し入れ、Aを加えて強火でさっと炒め合わせる。

保存方法　冷蔵で約2日間

point!

ゴーヤはごま油で炒めて苦味をやわらげておき、
仕上げに戻し入れて炒め合わせる。
さつまいもに火が通るまでに焦げつくようなら、
蓋をして弱火で蒸し炒めにしてもよい。

鶏とさつまいも、小松菜の甘辛炒め

材料（作りやすい分量）

- 鶏むね肉　1枚（200g）
- さつまいも　中1本（200g）
- 小松菜　1束
- しょうが　1かけ

A 酒　大さじ1
　さとう　大さじ2
　しょうゆ　大さじ2

［ 作り方 ］

❶鶏肉は細切りにし、酒大さじ1（分量外）をもみ込んでおく。

❷さつまいもは皮ごと1cm角の棒状に切り、水にさらしてからざるに上げ、水気を切っておく。小松菜は3cm長さに切る。しょうがはせん切りにする。

❸フライパンにサラダ油大さじ1（分量外）を熱し、さつまいもを弱火で焦げないようにじっくり炒める。まだ少しかたいくらいで①、しょうがを加え、中火にして炒める。鶏肉に火が通ったら小松菜も加え、Aを絡めてさっと炒める。

スナップえんどうとじゃがいものきんぴら

point!

じゃがいもを少しかために
仕上げるくらいが美味しい。

材料（2人分）

- スナップえんどう　10本
- じゃがいも　大1個（125g）
- ベーコン　1枚
- さとう 小さじ1

A 酒　大さじ1/2
　みりん　大さじ1/2
　しょうゆ　大さじ1

［ 作り方 ］

❶スナップえんどうは筋を取り、さっと塩ゆでする。ざるに上げて手早く冷まし、ななめ半分に切る。

❷じゃがいもは5mm角の棒状に切り、水にさらしたらざるに上げ、水気を切っておく。ベーコンは細切りにする。

❸フライパンにごま油大さじ1（分量外）を熱し、ベーコンとじゃがいもを中火で炒める。じゃがいもが透き通ってきたら、①、さとうを加えて炒め合わせる。Aを加えて強火にし、水分をとばすように炒める。

豚、ニラ、大根の甘辛炒め

材料（作りやすい分量）

- 豚こま切れ肉　100g
- 大根　10cm
- ニラ　1/2束

A さとう　大さじ1
　みりん　大さじ1
　しょうゆ　大さじ2

- 白ごま　少量

［ 作り方 ］

❶大根は1cm角5cm長さの棒状に切る。ニラは3cm長さに切る。

❷フライパンにサラダ油大さじ1（分量外）を熱し、豚肉を中火で炒める。半分くらい火が通ったら大根を入れ、強火で炒める。少ししんなりしたらAを加え、水分をとばすように炒める。ニラを加えてさっと炒め合わせ、白ごまをふる。

point!

大根から水分が出てくるので、
「煮る」にならないように、
水分をとばしながら強火で炒め続ける。

牛肉とブロッコリーのオイスターソース炒め

材料（2人分）

- 牛こま切れ肉　100g
- ブロッコリー　1/2株
- たまねぎ　1/2個（100g）
- しめじ　小1/2パック

A 酒　大さじ1/2
　しょうゆ　大さじ1/2

B オイスターソース　大さじ1
　片栗粉　小さじ1
　酒　大さじ1
　さとう　小さじ2
　しょうゆ　小さじ2
　ごま油　小さじ1

［ 作り方 ］

❶牛肉にAをもみ込んでおく。

❷ボウルにBを上から順に混ぜ入れ、合わせておく。

❸ブロッコリーは小房に切り分けてさっと塩ゆでにし、手早く冷ましておく。たまねぎはくし形に切り、しめじはほぐしておく。

❹フライパンに油大さじ1（分量外）を熱し、①を炒める。半分くらい火が通ったらたまねぎを加えて炒める。牛肉に火が通ったら、しめじ、ブロッコリーも加えてさっと炒め合わせ、仕上げに②を絡める。

point!

野菜が水っぽくならないように、
手早く炒め合わせる。

酢のもの・和えもの・その他

春菊とにんじんのごま和え

にんじんはかたゆでに。
香りと食感がたまらないごま和えです。

材料（2人分）

- 春菊　1/2束
- にんじん　1/2本（100g）
- ごま和えの素（※）　大さじ2

［ 作り方 ］

❶春菊はさっと塩ゆでして冷水に取り、水気を絞って2cm長さに切る。

❷にんじんは縦半分に切ってから、ななめ薄切りにする。かためにゆでてざるに上げ、冷ましておく。

❸①、②をごま和えの素で和える。

※ ごま和えの素

材料（作りやすい分量）

- 白ごま　1カップ

A さとう　60g
　しょうゆ　100cc
　酒　大さじ2
　練りごま　大さじ5

［ 作り方 ］

すり鉢で白ごまをすり、Aを加えて混ぜる。

保存方法 冷蔵で約1ヵ月間

焼き豚ときゅうりの酢の物

材料（作りやすい分量）

- 焼き豚　50g
- きゅうり　2本
- ミニトマト　5個

A 粒マスタード　小さじ2
　酢　大さじ2
　さとう　大さじ1
　しょうゆ　小さじ1
　サラダ油　小さじ1

［ 作り方 ］

❶焼き豚は食べやすい大きさに切る。きゅうりは輪切りにして塩少々（分量外）でもみ、5分おいて水気をしっかり絞る。ミニトマトは半分に切る。

❷ボウルにAを合わせ、①を入れて和える。

point!

焼き豚のかわりにハムを入れても美味しい。

カリフラワーと大根のカレーマリネ

材料（作りやすい分量）

- 大根　3cm（120g）
- カリフラワー　1/3個（150g）
- レーズン　大さじ2

A 酢　65cc（1/3カップ）
　水　65cc（1/3カップ）
　さとう　大さじ2
　塩　小さじ2/3
　黒粒こしょう　小さじ1/3
　カレー粉　小さじ2/3

［ 作り方 ］

❶大根は1.5cm角に切る。カリフラワーも同じくらいの小房に切り分ける。

❷鍋に①、レーズン、Aを入れて一混ぜし、強火にかける。一煮立ちしたら火を消し、そのまま冷ます。

point!

余熱で仕上げると、ちょうどよい歯応えになる。

保存方法	冷蔵で約1週間

小松菜のからし和え

材料（作りやすい分量）

- 小松菜　1/2束（100g）
- にんじん　少々
- 油揚げ　1/2枚

A 練りからし　小さじ1/2
　みりん　小さじ1/2
　しょうゆ　小さじ1

［ 作り方 ］

❶小松菜は3cm長さに切り、さっと塩ゆでしてざるに上げ、ざるのまま冷水に取る。冷めたらよく絞っておく。

❷にんじんはせん切りにし、さっとゆでてざるに上げ、冷ましておく。

❸油揚げは両面を焼き、横半分に切ってから1cm幅に切る。

❹ボウルにAを合わせ、①、②、③を和える。

point!

小松菜はざるごと冷水に取り、色止めをしておく。

うりの酢みそ和え

材料（作りやすい分量）

- 青うり　1本（500g）
- 油揚げ　1枚
- 酢みそダレ（P.26参照）　大さじ4

［ 作り方 ］

❶青うりはヘタを落とし、ピーラーで1cm間隔の縞目に皮をむく。縦半分に切って種を取り、薄切りにする。塩少々（分量外）でもんで5分おき、水気がどんどん出るので2回絞る。

❷油揚げは中火で両面こんがり焼いたら冷まし、横半分に切ってから5mm幅に切る。

❸①、②を酢みそダレで和える。

point!

青うりは皮がかたいので、縞目に薄く皮をむくと口あたりがよくなり食べやすくなる。水分が多いので、塩もみをしたら水気をしっかり絞っておく。

保存方法	冷蔵で約3日間

蒸しなすの梅しらす和え

材料（作りやすい分量）

- なす　2本
- しらす　大さじ2
- 大葉　3枚

A 梅肉　大さじ2
　みりん　小さじ1
　ごま油　小さじ1

［ 作り方 ］

❶なすは丸ごと蒸し器に入れ、やわらかくなるまで5分ほど蒸す（竹串がすっと通るくらい）。冷めたら放射状に縦6等分に切ってから5cm長さの棒状に切る。

❷大葉はせん切りにする。

❸ボウルにAを合わせて①、しらすを和え、器に盛って大葉をのせる。

point!

皮ごと蒸しなすにすると甘みが逃げず、歯応えも程よく残る。

蒸し鶏とセロリのマスタード和え

材料（作りやすい分量）

- 鶏ささみ肉　2本
- セロリ（葉つき）　1本

A 粒マスタード　小さじ1と1/2
　酢　小さじ1と1/2
　しょうゆ　小さじ1と1/2
　はちみつ　小さじ3/4
　サラダ油　小さじ1と1/2

［ 作り方 ］

❶鶏肉は縦半分に切る。

❷小鍋に水1カップ、酒小さじ1、塩小さじ1（すべて分量外）を入れて火にかけ、沸騰したら①を入れて弱火にし、1分ほどゆでて火を止める。そのまま冷ましたら汁気を切り、手でさいておく。

❸セロリは5mm幅のななめ切りにし、葉のやわらかいところも少し刻む。

❹ボウルにAを合わせ、②、③を和える。

point!

鶏ささみ肉はゆで汁ごと冷ますと、しっとりとやわらかくなる。

オクラのゆずこしょう漬け

材料（2人分）

- オクラ　6本
- 長芋　3cm

A 水　100cc
　ゆずこしょう　小さじ1/4
　昆布茶　小さじ1
　しょうゆ　少々

［作り方］

❶Aは合わせておく。

❷オクラはガクを取り、塩少々（分量外）を加えた湯で1～2分ゆでて冷水に取り、冷めたら水気を拭いてななめに2～3つに切る。長芋は皮をむいて短冊に切る。

❸②を①にひたし、1時間ほどおく。

point!

オクラは軽くゆでる程度で歯応えを残し、冷水に取って色止めをしておく。

保存方法　冷蔵で約2日間

ミニトマトのおひたし

材料（作りやすい分量）

- ミニトマト　10個

A だし汁　100cc
　みりん　小さじ2
　うす口しょうゆ　小さじ2

- かつお節　適量

［作り方］

❶ミニトマトは湯むきし、キッチンペーパーの上に並べて水気を切る。

❷ボウルにAを合わせて①をひたし、1時間以上おいて味をなじませる。

❸器に盛り、かつお節をのせる。

保存方法　冷蔵で約2日間

わかめとキャベツのナムル

材料（作りやすい分量）

- キャベツ　2枚（100g）
- 塩蔵わかめ　20g

A ごま油　小さじ1
　塩　少々
　しょうゆ　小さじ1

- 白ごま　適量

［作り方］

❶キャベツはざく切りにし、さっと塩ゆでしてざるに上げ、手早く冷ます。

❷わかめは水で戻し、食べやすく切る。

❸ボウルにAを合わせ、水気を絞った①、②、白ごまを入れて和える。

point!

キャベツはさっと湯にくぐらせたらざるに上げて冷まし、歯応えを残す。

※すし酢

保存方法　冷蔵で約3日間

材料（作りやすい分量）
- 酢120cc
- さとう40g
- 塩10g

［作り方］

小鍋に材料を入れて混ぜながら弱火にかけ、塩とさとうが溶けたら火を止める（煮立てない）。

（すし飯の配合の目安＝米1合：すし酢30cc）

いなり寿司

材料（作りやすい分量……いなり10個分＋すし揚げ甘辛煮）
- すし揚げ　10枚
- 米　1.5合
- すし酢（※）　45cc
- 昆布　3cm角1枚
- にんじん　1/7本（30g）
- 干ししいたけ　1枚
- 白ごま　大さじ2

A
- だし汁　2カップ
- さとう　大さじ4
- みりん　1/2カップ
- しょうゆ　1/4カップ

B
- しょうゆ　大さじ1
- 塩　小さじ1/4
- さとう　大さじ4
- 酒　大さじ2

C
- だし汁　100cc
- さとう　小さじ2
- うす口しょうゆ　小さじ1と1/2
- みりん　小さじ1

- しょうがの甘酢漬　適量

［作り方］

❶すし揚げはななめ半分に切り、やぶれないようにそっと端まで開く。熱湯で2～3分ゆで、しっかり油抜きをして水に取り、冷めたら何枚か重ねて手のひらにはさみ、水気を絞る。

❷平鍋にAを煮立てて①を重ならないように並べ、落とし蓋をして弱火で5分煮る。Bを加え、煮汁が少し残る程度までさらに弱火で煮る。粗熱が取れたら形を整えておく（ここでは半分使い、残りは冷凍保存する）。

❸にんじんはみじん切り、干ししいたけは戻してみじん切りにする。小鍋にCとともに入れ、弱火で5分煮たらそのまま冷まし、味を含ませる。ざるに上げてしっかり汁気を絞る。

❹米は昆布をのせて少しかための水加減（混ぜるすし酢の分だけ水を減らす）で炊き、すし酢を混ぜて1～2分してから扇風機などで冷ます。

❺冷めたら③、白ごまを混ぜ、10等分にして軽く丸めておく。

❻すし揚げの煮汁を軽く絞り、⑤を詰めて形を整える。

❼器に盛り、しょうがの甘酢漬を添える。

Point!

ご飯にすし酢を混ぜたあと1～2分おいてから冷ますようにすると、米に酢の味がよくなじむ。
すし揚げを煮る時は、味がしっかりしみ込むように2回に分けて調味料を加える。

保存方法　（すし揚げ）煮汁ごと保存容器に入れて冷凍可。
⇒自然解凍する。

菜の花とツナの炊き込みごはん

材料（作りやすい分量）

- 米　2合
- 菜の花　1/2束
- ツナ缶　小1缶

A うすロしょうゆ　大さじ2
　塩　小さじ1/2

［ 作り方 ］

❶菜の花はさっと塩ゆでして冷水に取り、絞って2cmに切る。

❷米は普通の水加減にして、軽く缶汁を切ったツナとAを入れ、一混ぜして炊く。

❸炊き上がったら少し蒸らしてから菜の花を加え、全体をさっと混ぜる。

point! 菜の花は冷水に取って色止めをする。長時間蒸らすと変色してしまうので、ご飯を少し蒸らしてから加える。

新しょうがごはん

材料（作りやすい分量）

- 米　2合
- 新しょうが　50g
- 油揚げ　1枚
- 昆布　5cm角1枚

A 酒　大さじ2
　うすロしょうゆ　大さじ2

［ 作り方 ］

❶米は洗って分量通りの水加減にする。

❷しょうがはタワシで皮をこすって洗い、せん切りにする。油揚げは横半分に切ってから細切りにする。

❸①から水大さじ4を除き、Aを加えて混ぜる。昆布、②をのせて普通に炊く。炊き上がったら昆布を除いて混ぜる。

point! 新しょうがは意外と水分を多く含んでいるので、その分きっちり水を減らしてからご飯を炊く。

栗おこわ

材料（作りやすい分量）

- もち米　2カップ
- 栗　12個

A 酒　1/2カップ
　塩　小さじ1/2

［ 作り方 ］

❶鍋に栗とたっぷりの水を入れて火にかけ、煮立ったら火を止めてそのまま冷ましておく。栗のおしりを切り落とし、包丁の角をひっかけて引っ張るように鬼皮をはがす（手でむいてもよい）。包丁で渋皮もむき、1〜2時間水にさらしたら水気を切っておく。

❷もち米は洗って一晩水につけておく。蒸す30分前にざるに上げる。

❸大きめのボウルにAを合わせておく。

❹もち米をざるのまま蒸し器に入れ、強火で20分蒸す。③にもち米を移して混ぜ、①も加えて混ぜる。

❺再びざるに戻し、さらに強火で20分蒸す（すぐに食べない場合は、くっつかないように、ぬれ布巾かクッキングシートの上に移しておく）。

point! 栗は湯につけておくと、皮がむきやすくなる。

食材別インデックス

船橋律子（ふなはし・りつこ）

「かもめ食堂（兵庫県神戸市灘区高徳町3丁目2-21）」店主。料理上手な母の影響もあり、幼い頃から台所に立つ大の料理好き。パティスリーや飲食店の勤務を経て、2008年に神戸元町で「かもめ食堂」をオープン。店内で楽しめる野菜たっぷりの「かもめ定食」をメインに、季節のおそうざいやお弁当のテイクアウトをはじめる。2015年秋、六甲へ移転。畳席を設えた憩いのランチスポットとして、より幅広い層に親しまれるように。お持ち帰りメニューも継続するほか、イベントなどにも不定期で出店。著書に『六甲かもめ食堂の野菜が美味しいお弁当』。

http://kamomeshokudo.com/

撮影　竹田俊吾
スタイリング　上良美紀
デザイン　伊庭 勝・伊庭貞江（tramworks）
取材・文　山形恭子
編集　鈴木理恵（TRYOUT）
料理協力　窪田靖子・船橋政美（かもめ食堂）

旬《しゅん》の素《そ》材《ざい》と定番調味料《ていばんちょうみりょう》でいつものおかずが格別《かくべつ》の味《あじ》になる

六《ろっ》甲《こう》かもめ食《しょく》堂《どう》
野《や》菜《さい》が美《お》味《い》しい季《き》節《せつ》の献《こん》立《だて》

2020年1月22日　発　行　　NDC 596
2020年2月20日　第２刷

著　者　船橋律子《ふなはしりつこ》
発行者　小川雄一
発行所　株式会社 誠文堂新光社
〒113-0033 東京都文京区本郷3-3-11
（編集）電話03-5805-7761
（販売）電話03-5800-5780
https://www.seibundo-shinkosha.net/
印刷・製本　図書印刷 株式会社

ISBN978-4-416-52044-4